염불

극락으로의 초대

선화 상인 염불 법문

염불 극락으로의 초대

법문 ― 선화 상인
편역 ― 각산 정원규 · 이정희

불광출판사

서방 극락이 그대의 집

염불을 오롯이 집중하면 안양(安養)의 땅
아미타불의 대원으로 서방 극락에 이르네.
삼배 구품(九品)의 연화가 나타나며
육도만행이 찰나에 원만해지네.
관세음, 대세지보살을 반려로 삼고
문수, 보현보살과 함께 법성의 배에 타네.
자비로운 아버님 나를 맞이하여 고향에 이르니
알고 보니 극락이 원래 우리의 고향일세.
念佛專注安養邦 彌陀大願到西方
三輩九品蓮花現 六度滿行刹那圓
觀音勢至爲伴侶 文殊普賢共法船
慈父接我臻故里 原來極樂是家鄉

염불은 "나무아미타불"과 나 자신이 나뉘지 않을 때까지 해야 합니다. "나무아미타불" 외에 어떠한 '나'도 있지 않고, '나' 외에 어떠한 "나무아미타불"도 없을 때까지 염하여 내가 염하는 "나무아미타불"과 자신이 하나가 되어야 합니다.

아미타불은 극락세계의 교주(敎主), 관세음보살과 대세지보살은 그를 좌우에서 보좌하고, 이는 서방의 세 분의 성인(三聖)이십니다. 그 어떤 분의 명호를 염하든지 일심불란(一心不亂)하여 한 티끌도 물들지 않은 경계에 이르면, 업을 가진 채로(帶業) 왕생하여 연꽃이 피면 부처님과 보살님을 뵙게 됩니다.

영명연수 선사의 「사료간(四料簡)」 게송에 이르기를 "참선과 정토 수행이 있는 이는 호랑이에 뿔을 단 듯이 현생에선 사람들의 스승이 되고 내생엔 부처님과 조사를 이루리라. 참선 수행만 있고 정토 수행이 없으면 열 명에 아홉은 그르치고, 참선 수행은 없어도 정토 수행을 닦으면, 만 명이 염불하여 만 명이 모두 왕생하리."라고 하였습니다.

극락세계에 비록 백학, 공작, 앵무, 사리, 가릉빈가, 공명지조가 있다 하나, 이는 모두 아미타불께서 법음을 널리 펴고자 변화로 지은, 일종의 변화로 나타난 경계이며, 진짜로 축생이 있는 게 아닙니다.

극락세계는 그대와 나, 중생들이 본래로 지닌 진심(眞心), 그대가 본래의 진심을 얻게 되면 극락세계에 나고, 그대가 자기 본래의 진심을 알지 못하면 극락세계엔 왕생할 수가 없습니다.

극락세계에 나면, 무릇 고통은 없고 오로지 온갖 종류의 즐거움만 있으며, 연꽃에서 화생(化生)하여 나는 것으로서 우리들이 어머니의 태 속을 거치는 것과는 다릅니다. 극락세계 그곳엔 연꽃이 곧 태(胎)이며, 연꽃 속에서 일정한 시간을 머무르면 장차 성불하게 될 것입니다.

참된 마음이 있으면 반드시 감응이 있으며, 이 감응은 어떤 것입니까? 바로 범부의 마음과 불보살의 광명이 서로 통하는 것으로서 이른바 "빛과 빛이 서로 비추고, 열린 구멍마다 서로 통하는" 것입니다.

염불의 공덕은 불가사의하여 그대가 염불을 한번 할 때마다 그대의 몸에선 광명을 발하게 됩니다. 아! 이렇게 광명이 나오면 요사스러운 마(魔)와 귀신은 멀리멀리 달아나 버립니다. 그러므로 염불의 공덕은 매우 불가사의합니다.

그대도 염불하고 나도 염불하는데, 그대와 나는 무엇 때문에 염불합니까? 생사를 마치고자, 사바세계를 극락세계로 바꾸기 위하여 하는 것입니다. 곳곳마다 극락세계 아미타 부처님이니 그대도 나도 없고, 있는 것은 무엇입니까? 만물을 조용히 관하여 모든 것을 깨달으니, 번뇌는 끊어지고 무명은 깨지며, 거대한 사랑의 강물 삼계(三界)를 뛰어넘게 될 것입니다.

우리 이 '마음'이라는 것은 바쁘기 짝이 없습니다. 그대가 만일 한 가지 일거리도 주지 않는다면 마음은 항상 자재롭지 못할 것이니, "나무아미타불" 한 가지를 찾아 그에게 주는 것입니다.

세간 일체의 모든 것은 정해진 것이 없이 모두 다 바뀔 수 있습니다. 우리 모두는 업장이 매우 깊어 원래 서방 정토에는 왕생할 자격이

염불, 극락으로의 초대

없으나, 단지 우리가 만일 진심으로 염불한다면 우리도 왕생할 수 있습니다.

무릇 걷고 머무르고 앉거나 누울 때, 오로지 "나무아미타불" 여섯 자 홍명(洪名)만 알고 타성일편을 이룰 때까지 염하여 면면히 끊어지지 않으면, 흐르는 물까지도 "나무아미타불"을 염하는 소리로 들릴 것입니다. 진실한 염불이란 곧 입으로 염불하고, 마음으로도 염불하여, 행주좌와 모두 아미타 부처님을 염하는 것입니다.

『대집경(大集經)』에 이르기를 "말법 시대에는 수억 만 명이 수행하나 한 사람도 도를 얻기 힘들다. 오직 염불에 의해서만 생사를 건널 수 있다."라고 하였으니, 천만 명이 수행하되 그 가운데 한 사람이라도 수행에 성공할 수 있으리라 장담할 수가 없습니다. 오직 염불 한 가지 법문만이 그대를 피안에 이르게 할 것입니다.

"서쪽으로 십만 억 국토를 지나면 세계가 있는데 극락
이라고 이름한다. 그 국토에 부처님이 계시는데 이름이
'아미타'이시니 지금 현재도 설법하고 계신다."

『불설아미타경』의 말씀입니다. 서방(서쪽)은 아미타 부처님께서 지금
현재 머무르며 법을 설하고 계시는 극락세계를 가리킵니다.
　　또 이렇게 말씀하셨습니다.

"왜 극락이라고 하는가? 그 국토의 중생은 아무런 괴로
움이 없고 오직 온갖 즐거움만을 누리기 때문에 극락이
라고 이름한다."

모든 괴로움이 사라지고 오직 즐거움이 가득한 곳, 그곳이 바로 극락
입니다.

서방 극락세계가 곧바로 우리 중생들이 가야 할 마음의 고향입니다. 불교는 하늘 세계(천국)에 태어나는 것을 목표로 하지 않습니다. 하늘 세계에 태어나 온갖 기쁨을 누려도 복이 다하면 다시 뚝 떨어져야 합니다. 윤회의 흐름에 잠겨서 괴로움의 수레 속으로 굴러가야 합니다. 하늘 세계 꼭대기에 태어나도 결코 영원할 수 없습니다. 결국은 밑으로 떨어져 고통의 바다를 헤매게 되는 윤회 세상일 뿐입니다.

서방 극락세계는 그런 하늘 세계가 아닙니다. 윤회의 쇠사슬에 묶여 있는 불완전한 세상이 아닙니다.

서방 극락세계는 중생을 성불시키는 '성불 학교'입니다. 극락에 태어나면 반드시 윤회에서 벗어나고, 틀림없이 깨달음을 얻어 결단코 성불을 보장받는다고 부처님께서 분명히 말씀하셨습니다. 『아미타경』, 『무량수경』, 『관무량수불경』에서 분명히 증언하고 계십니다. 수많은 대승 경전에서도 아미타 부처님과 극락세계를 찬탄하고 증명하십니다.

우리나라의 원효 대사도 극락을 찬탄하였습니다. 의상 대사도 오직 『화엄경』을 연구하였지만 늘 극락에 태어나기를 발원하였습니다. 고려의 대각국사 의천 스님도 극락에 태어나기를 발원하였고, 조선시대 서산 대사도 참선을 수행한 선사로 알려졌지만, 극락에 태어나기를 바라면서 〈극락왕생발원문〉을 남겼습니다.

인도, 중국, 한국, 일본 등의 역대 고승 중에서 극락세계에 태어나기를 발원한 분들을 다 헤아릴 수가 없습니다. 서방 극락세계야말로 수행자가 가야 할 '최고의 성불 대학교'입니다.

　　성불 학교 서방 극락세계에 들어가려면 어떻게 해야 할까요? 오직 염불입니다. 오직 간절한 염불입니다. '아미타불에 대한 믿음'과 '극락에 태어나겠다는 원력'과 '간절한 염불', 이 세 가지를 갖추면 어떤 중생도 반드시 극락세계에 들어간다고 경전에서 말씀합니다.

선화 상인(宣化上人)은 서양에 불법을 널리 펼친 고승입니다. 참선과 염불, 경전과 계율을 고루 닦으며 미국에 불교 학당을 세우고 부처님의 바른 법을 전한 시대의 큰 스승입니다.

　　경전, 교리에 통달하고 불교의 수행법을 두루 섭렵했던 선화 상인이 간곡히 말씀합니다.

　　　　"극락에 가시오. 반드시 극락에 가시오. 극락에 가는 것
　　　　이 가장 좋은 최고의 길이오."

이 책을 처음 보았을 때 감동과 희열이 솟구쳤습니다. 선지식이 들려주는 진리의 말씀은 보석보다도 빛을 발합니다. 이토록 소중한 말씀을 세상에 소개한 역자와 출판사에 진심으로 감사의 마음을 올립니다.

　　『염불, 극락으로의 초대』는 성불 학교 극락의 문으로 들어가는 훌륭한 안내자가 되리라 믿습니다.

　　모든 중생 극락에 왕생하여 다 함께 성불하여지이다.

나무아미타불 무량공덕.

광우 스님
(BTN불교TV 〈광우 스님의 소나무〉 진행자)

차례

염불, 극락으로의 초대

1

누구나
왕생할 수 있는
염불 법문

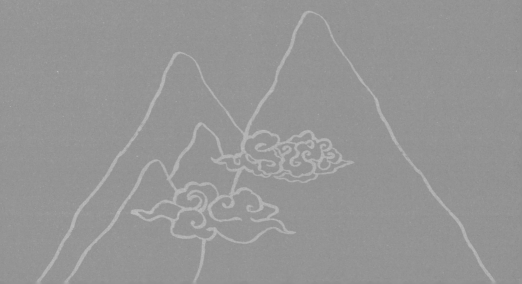

무엇 때문에 염불을 해야 하는가?

|

바로 임종 시 놀라거나 당황하지 않고
순조롭게 극락세계에 왕생하기 위함입니다.

우리는 평소에 왜 염불을 해야 할까요? 평소에 염불하는 것은 바로 임종 시를 대비하여 준비를 하기 위함입니다. 어째서 임종에 가까워 염불하지 않고 평소부터 염불을 해야 하는 걸까요? 왜냐하면 습관이란 날이 가고 달이 가면서 조금씩 쌓아져서 이루어지는 것이기에, 평소에 염불하는 습관이 없는 이는 임종 시에 이르러서 염불을 생각할 수 없거나 혹은 아예 염불이라는 것을 알지 못하기 때문입니다. 그런 까닭에 평소에 염불을 배우고 정토 법문을 닦아두면 목숨을 마칠 즈음에 놀라거나 당황하지 않고 순조롭게 극락세계에 왕생할 수가 있는 것입니다.

무엇 때문에 극락세계에 왕생해야 할까요? 아미타 부처님께서 비구승으로 인지(因地)에서 수행을 하던 때에 일찍이 48대원(大願)을 발하였는데, 그 가운데에 이르시기를 "내가 부처를 이루면, 나의 명호 '아미타불'을 염하는 시방의 모든 중생을 반드시 나의 극락세계에 맞아들여 장래에 성불케 하리라. 나의 세계에는 중생이 모두 연꽃에서 화생하여 그에 따라서 몸은 오염됨이 없이 청정할 것이니라."라고 하였습니다. 아미타 부처님이 이러한 큰 원을 발하였으니 일체중생은 모두 염불 법문을 닦아야 하며, 이것은 중생들의 근기에 맞는, 매우 수행하기 쉬운 하나의 법문입니다.

『대집경(大集經)』에서 또한 이르시기를 "말법 시대에는 수억(億)의 사람이 수행하되 한 사람도 도를 얻기 어려우나, 오직 염불에 의해서만 생사를 건널 수가 있다."라고 했습니다. 이것은 곧 천만의 사람이 수행한다 해도 도를 얻는 자는 한 사람도 없고, 오직 염불에 의지하여야만 극락세계에 왕생하여 생사를 건널 수 있다는 것입니다. 더욱이 현재는 말법 시대로서 염불은 그야말로 일반인의 근기와 상응하는 것입니다.

그러나 서양은 현재 말법 시대가 아니라 정법 시대라고 말할 수가 있습니다. 어째서 정법 시대라고 할 수 있을까요? 왜냐하면 불법이 이제 막 서양 국가에 전해져서 마침내 흥하려 하기 때문입니다. 현재 미국에서는 매우 많은 이들이 참선을 즐겨 하고 있으니 이 또한 정법의 표현이라 봐야 합니다. 염불 법문은 정법의 시기에도 닦을 수가 있

염불, 극락으로의 초대

고, 말법의 시기에도 닦을 수 있으며 어떤 시대를 막론하고 모두 다 닦을 수 있습니다. 만일 어떤 사람이 다른 법문을 공부하여 진취가 없다면 염불 법문을 닦을 수가 있습니다.

영명연수(永明延壽) 선사께서 말씀하시기를 "참선이 있고 정토가 있으면 호랑이에 뿔을 단 듯이 현생에서는 사람들의 스승이 될 것이요, 내생에는 부처님이나 조사를 이루리라."라고 했습니다. 이것은 참선을 하면서 또한 염불 수행을 겸하면 마치 뿔을 단 호랑이처럼 현생에서는 남들의 사표가 되고 장래에는 부처님이나 조사 스님이 될 것이라는 뜻입니다.

그러므로 진정으로 참선을 하는 이는 바로 진정으로 염불을 하는 이요, 진정으로 염불을 하는 이는 또한 곧 진정으로 참선을 하는 사람입니다. 더 깊이 말하자면, 진정으로 계율을 지니는 사람은 또한 바로 진정으로 참선하는 사람이며, 진정으로 참선을 하는 이는 곧 진정으로 계율을 지니는 이라고 말할 수 있습니다. 그리고 진정으로 경전을 강의하고 설법을 하는 이는, 경을 가르치기 위하여 경을 강의하는 것도 또한 진정한 참선이라 할 수 있습니다.

영가 대사가 『증도가(證道歌)』에 이르기를 "선종도 통하고 교종도 통하며, 정과 혜에 두루 밝아서 헛된 공에 머무르지 않네(宗亦通 說亦通 定慧圓明不滯空)."라고 하였으니, 참선도 할 수 있고 또 설법도 할 수 있으면, 이것이 종(宗)에도 설(說)에도 정통한다는 뜻입니다. 한층 더 나아가 말하자면, 진정으로 다라니를 지니는 사람, 진정한 밀종 수행자

누구나 왕생할 수 있는 염불 법문

는 곧 진정한 의미에서 참선을 하고 있는 것입니다.

　비록 선(禪), 교(敎), 율(律), 밀(密), 정(淨)의 다섯 가지가 있다고 말해도, 결국에는 모두 하나이며 다른 것이 아닙니다. 사실상 좀 더 깊이 말하자면, 하나조차도 없는 것이니 어떻게 다섯이 있다고 하겠습니까? 진정으로 불법을 배우는 이는 이 점을 마땅히 알아야만 합니다.

　그런데 어떤 이는 종파에 얽매어서 편견을 갖기도 하는데, 염불 법문이 최고요 참선은 잘못된 것이라고 생각하는 이가 있는가 하면, 혹은 참선이 최고이며 염불은 그릇된 것이라고 생각하는 이도 있습니다. 이것은 모두 불법을 이해하지 못하는 사람입니다. 우리는 응당 일체 모든 것이 다 불법이며, 모든 것은 얻을 수 없다(不可得)는 사실을 알아야만 합니다. 이미 얻을 법이 없는데 무엇 때문에 집 위에 집을 쌓는 불필요한 짓을 하며, 없는 일을 번거롭게 찾아서 합니까? 만일 그대가 진정으로 불법을 이해한다면, 불법은 얻을 것이 없다는 사실을 알 수 있을 것입니다.

　그러나 법을 알지 못하는 사람에게 "사실은 근본적으로 아무것도 없다."라고 말하면, 그는 곧 실망할 것입니다. 따라서 부처님께서 방편법(權法)을 베푸신 것은 곧 진실법(實法)을 설하기 위함입니다. 또한 부처님이 방편의 지혜(權智)를 설하신 것은 진실한 지혜(實智)를 설하기 위함입니다. 진실한 지혜는 무엇인가요? 진실한 지혜는 '무소득으로 돌아감(歸無所得)'을 말하며, 실상(實相)은 상이 없으면서 상이 없음도 없는 것입니다. 이것이 비로소 진실한 지혜인 것입니다.

착실하게 염불을 하라

|

착실한 염불이란 바로 입으로 염불하고

마음으로도 염불하면서

행주좌와에 모두 아미타불을 염하는 것입니다.

불행하게도 우리는 마(魔)의 세력이 강하고 불법의 힘이 약한, 부처님께서 가신 지 오래된 말법 시대에 태어났으나, 불행 중에 다행으로 염불 법문을 만나게 된 것입니다. 염불 법문은 경제적이고 정신을 낭비할 필요가 없는, 매우 쉽고 간편한 법문입니다. 염불만 해도 부처가 될 수 있기 때문입니다.

어째서 염불을 하면 부처가 될 수 있을까요?

이것은 아미타 부처님이 무량겁 이전에 발한 48대원에 의거한 것입니다. 48대원 가운데에, "만일 어떤 중생이 나의 명호를 불러서 극락세계에 왕생할 수 없다면, 나는 정각(正覺)을 이루지 않으리라."라고 하는 서원이 있습니다.

아미타 부처님께서 발하신 이러한 원력은 발원마다 모두 중생을 섭수하여 서방 극락세계에 왕생하도록 하는 것입니다. 왕생의 조건은 단지 중생이 신심을 갖는 것으로서 진정으로 아미타 부처님께서 서방의 극락세계에 계신다는 사실을 믿고, 서방 극락세계에 가서 아미타 부처님의 제자가 되기를 원하고, 절실하게 아미타 부처님의 명호를 칭념하는 것입니다. 이러한 믿음(信), 발원(願), 수행(行)의 세 가지 자량을 구비하면, 반드시 서방 극락에 왕생하게 됩니다.

극락세계에는 온갖 고통이 없고 중생은 단지 많은 즐거움만을 받게 됩니다. 그곳에는 지옥, 아귀, 축생의 삼악도가 없습니다. 비록 백학, 공작, 앵무, 사리, 가릉빈가, 공명지조가 있으나, 이는 모두 아미타불께서 법음을 널리 펴기 위하여 변화로 만든, 일종의 변화로 나타난 경계로서 결코 진실로 축생이 있는 것이 아닙니다.

극락세계는 사바세계처럼 만 가지 고통이 들끓지 않고 만 가지 악이 가득 찬 번뇌도 없으며, 밤낮으로 '부처님을 염하고, 불법을 염하고, 스님을 염하는 묘한 법'을 연설하고 있습니다. 그러나 우리가 만일 극락세계에 가서 나려면 착실하게 염불을 해야 하고, 불성실하게 염불을 해서는 안 됩니다.

착실하게 염불을 한다는 것은 곧 그 마음이 오로지 염불에만 있고, 성불을 하든 안 하든 혹은 왕생을 하든 안 하든 관계없이 일심으로 염불하는 일에만 관심을 갖는 것입니다. 염불이 전일하고 순수하게 무르익어 일심불란(一心不亂)의 경지에 이르면 임종 시에 아미타 부처님은 반드시 그대를 맞이하여 성불케 하십니다.

어째서 아미타 부처님께서 우리 같은 보통 사람을 맞으러 오시는 걸까요? 이것은 매우 믿기 어려운 도리입니다. 맞습니다, 이것은 믿기 어려운 법문입니다. 그렇기 때문에 『아미타경(阿彌陀經)』은 석가모니 부처님께서 아무도 묻는 이가 없음에도 불구하고 스스로 설하신〔無問自說〕경전입니다. 왜냐하면 아무도 이와 같은 법을 이해할 수 없고, 또 믿을 수 없었기 때문입니다. 그리하여 석가세존께서 우리 말법 시대 중생들을 가엾이 여기셔서 이러한 말법 시대 수행의 첩경을 일러 주신 것입니다.

착실하게 염불을 한다는 것은 입으로 염불하고, 마음으로도 염불하면서 행주좌와(行住坐臥), 걸어 다닐 때나 머물 때나 앉으나 누우나 모두 아미타 부처님을 염하는 것입니다. 입으로는 아미타불의 명호를 염하고, 몸으로는 아미타불의 행(行)을 지닙니다.

무엇을 일컬어 행(行)이라 할까요?

가령 우리가 지금 7일 동안의 염불법회를 거행하는 동안에 아무리 바쁜 일이 있을지라도 만사를 제쳐두고 법회에 참가하여 일심불란의 경지를 체득해야만 합니다. 일심불란이란 자나 깨나 늘 염불을 잊지 않는 것이며, 잠시 동안 염불한 후 고생스럽다고 여겨 돌아가서 쉰다거나 게으름을 피우며 안일을 꾀하지 않아야 합니다. 그렇게 쉬엄쉬

엄 염불해서는 염불삼매를 얻을 수가 없으며, 이렇게 하다 말다 하는 것이 착실하지 않은 염불입니다. 착실하게 염불을 한다는 것은 바로 밥을 먹는 것도, 옷을 입는 것도, 자는 것도 잊어버릴 정도로 일심으로 염불하는 것입니다.

본래 밥 먹고, 옷 입고, 잠자는 것은 인생에서 떠날 수 없는 것으로 누구나가 다 매일같이 부족하지 않으려고 합니다. 그러니 염불 시에 이 세 가지를 능히 잊을 수 있다면, 즉 다시 말해 밥을 먹었는지, 옷을 입었는지, 잠을 잤는지, 배고픔도 추위도 알지 못한다면 이것이 바로 착실한 염불입니다. 만일 밥시간이 되어 밥을 먹는 것을 안다면 이는 불성실한 염불이요, 춥다고 옷을 입으려 하면 이것은 착실하지 못한 염불입니다. 또한 잠이 부족하여 자고 싶다고 돌아가서 쉬려고 한다면 이 역시도 불성실한 염불입니다.

착실하게 염불하는 사람은 행주좌와 어느 때든 '나무아미타불' 여섯 자 홍명밖에 모르는 것입니다. 만일 염불과 타성일편(打成一片)이 되면 염불이 면면이 이어져 흐르는 물소리도 '나무아미타불'의 염불이고, 부는 바람 소리도 '나무아미타불'의 염불이며, 지저귀는 새소리도 '나무아미타불'의 염불 소리입니다.

우리는 '나무아미타불'과 자기 자신이 떨어지지 않을 때까지 염불하여 '나무아미타불' 외에 어떠한 '나'도 있지 않고, 나 외에 어떠한 '나무아미타불'도 없을 때까지 염하여, 내가 염하는 '나무아미타불'과 자신이 하나가 되어야 합니다. 이때에 바람도 뚫을 수 없고, 비도 적실 수

염불, 극락으로의 초대

없는 염불삼매를 얻게 되는 것입니다. 물 흐르는 소리, 바람 부는 소리, 모두 다 '나무아미타불'을 염하는 묘법을 연설하니, 이것이 바로 착실한 염불입니다.

만일 물이 흐르는 것을 보고 물이 흐르는 것인 줄을 알고, 바람이 부는 것을 보고 바람이 부는 줄 안다거나, 혹은 염불하면서 이리저리 주변의 동정을 살핀다면, 이것은 착실한 염불이 아닌 것입니다. 착실하게 염불할 때에는 자나 깨나 염불에 집중하므로 어떠한 망상도 없으며, 무엇이 먹고 싶다거나 차를 마시고 싶다고도 생각하지 않고 무엇이건 잊게 되는데, 이러해야 비로소 착실한 염불이라 할 수 있습니다.

이러한 염불에는 특별한 어떤 비결이 있는 것이 아니며, 오직 마음을 통제하여 망상을 일으키지 않으면 됩니다. 한편 마음을 통제할 수가 없어 언제나 망상을 일으키면 착실한 염불이 아닌 것입니다. 그대가 바른 생각(正念)을 일으키면 그것이 착실한 염불이며, 이리저리 어지럽게 생각하고 삿된 생각을 품는 것은 불성실한 염불입니다. 따라서 착실하게 하는 염불은 그 묘함을 이루 다 말로는 표현할 수가 없을 정도이며, 그대가 진정하게 염불을 할 수가 있다면 대자재를 얻어 남도 없어지고, 나도 없어지고, 중생도 없어지고, 수명도 없어져서 오직 '나무아미타불'만 남게 될 것입니다.

말하는 것은 법(法)이며, 행하는 것은 도(道)인지라 단지 말로만 하고 실행하지 않으면 탁상의 공론이며, 실제 보배는 갖지 못하고 남의 보배만 헤아리는 꼴로 아무짝에도 쓸모가 없는 것입니다.

오늘 내가 말하는 도리를 여러분들이 이해한다면, 착실하게 염불을 하고 착실하게 7일 염불정진(佛七)의 수행에 임해야 할 것입니다. 이것은 우리들 생명 가운데의 가장 귀중한 시간이므로 절대로 헛되이 보내지 마십시오!

내 그대들에게 원하노니, 여러분 모두 '견고한 마음(堅), 성실한 마음(誠), 한결같은 마음(恒)'의 세 가지 마음을 발하여 열심히 염불하기를 바랍니다!

염불, 극락으로의 초대

염불은 마치
전화를 걸듯이

|

부처님을 염하든 보살을 염하든
마음과 입이 모두 참되고 정성스러워야 합니다.

생각 생각이 참되니 생각 생각이 통하며
그윽한 가운데 그윽한 감응이 생기네.
곧바로 산이 막히고 물이 다한 그곳에 이르면
법계를 동서로 자유자재하게 소요하네.
念念眞誠念念通　默默感應默默中
直至山窮水盡處　逍遙法界任西東

방금 내가 말한 게송의 참뜻을 그대들은 알겠습니까? 첫 번째 염(念)자는 마음속에서 발한 생각이며, 두 번째 염(念)자는 입속에서 발하는 것으로서 마음속에 존재하는 어떤 생각을 입으로 표출하여 냄을 말합니다. 만일 단지 두 번째 염, 즉 입으로 하는 염(念)만 있다면 참된 염불이라 할 수가 없습니다. 그런 까닭에 염불 혹은 염보살은 마음과 입이 모두 다 참되고 정성스러워야 합니다. 마음과 입이 하나요 둘이 아닌 합일의 경지까지 염할 수 있어야 할 것이며, 그저 되는대로 혹은 산란하게 다른 망상과 더불어 염하지 않게 된다면, 이것을 일컬어서 '참되고 정성스럽다(眞誠)'라고 합니다.

참된 마음이 있으면 반드시 감응이 있을 것이니, 이러한 감응은 무엇일까요? 곧 범부의 마음과 불보살의 빛이 서로 통하는, 이른바 "빛마다 서로 비추고 열린 구멍마다 서로 통하는(光光相照, 孔孔相通)" 경지입니다.

그렇다면 어째서 이러한 감응이 있게 되는 것일까요? 가령 전화를 걸 때 번호가 맞아 통하게 되면 '여보세요'라는 상대방의 음성이 들리는데, 이때 우리는 하고 싶은 말을 마음껏 하며 서로 간의 의사소통을 하게 됩니다. 보살님을 염하는 것도 마치 전화를 거는 것처럼, 통화가 되면 보살님께서도 그대에게 물을 것입니다.

"선남자(선여인)여, 그대가 원하는 것은 무엇인가?"

이때 당신이 원하는 것이 있다면 필히 응답이 있을 것입니다.

그러나 참된 마음이 없다면, 가령 다섯 자리의 전화번호인데 그대가 오직 세 자리만 누른다면 어떻게 전화가 통하겠습니까? 보살님을

염불, 극락으로의 초대

염하는 것도 바로 이와 같습니다. 일례로 그대가 잠시 동안 염하다가 다시 염하지 않으면, 이것은 성의가 모자란 것으로서 반드시 전화가 통하지 못할 것입니다.

이러한 빛마다 서로 비추는〔光光相照〕 감응은 오직 몸소 겪어본 사람만이 비로소 느낄 수가 있습니다. 이는 마치 전화를 걸 때 오직 수화기를 들고서 듣는 사람만이 상대방의 이야기를 분명히 알아듣는 것처럼 범부의 육안으로는 소리의 파장이 오고 가는 것을 볼 수 없는 것과 같습니다. 그러므로 "그윽한 가운데 그윽한 감응이 생긴다〔默默感應默默中〕"고 말한 것입니다.

"산이 막히고 물이 다하다〔山窮水盡〕"라는 것은 "백척간두에서 다시 한 걸음 더 나아가고, 하늘의 허공에서 손을 놓아 버리면 별다른 하늘이 있네〔百尺竿頭重進步, 撒手天空另有天〕"의 경지를 말합니다. 염불이 산이 막히고 물이 다한 이러한 경계에 이르게 되면, 그야말로 염하되 염하지 않으며〔念而不念〕, 타성일편이 되어 염불이 한 조각으로 이루게 되는데, 그때에 곧 "법계를 동서로 자유자재하게 소요하게〔逍遙法界任西東〕" 될 것입니다.

가령 우리가 서방 극락세계에 왕생하기를 원한다면 곧 생각에 응하여 왕생할 수가 있으며, 자비의 배를 몰아 널리 중생을 제도하려고 하면, 사바세계로 돌아와서 널리 중생을 제도하려고 하면, 또한 생각에 응하여 극락세계의 동쪽에 있는 사바세계로 돌아올 수 있으며, 또한 일체의 모든 법계 어디든 생각을 따라가지 못할 곳이 없게 될 것입니다. 따라서 "동서로 자유로이(任西東)"라고 말하는 것이며, 이른바 "하나가 여의로우니 일체가 여의롭고, 하나가 자재로우니 일체가 자재롭다(一如意一切如意, 一自在一切自在)."라고 말할 수 있습니다.

　그러므로 우리는 불법을 배움에 어디에서든 참되고 성실해야 할 것입니다. 그렇지 않으면 우리가 하는 것들이 모두 거짓이 되고 말아서 "꽃만 피울 뿐, 과실을 맺지 못한다(開空花, 不結果)."라는 문구처럼 되어버릴 것입니다. 따라서 불법을 공부함에 있어 절대로 잊지 말아야 할 것은 자기 스스로를 속이지 말아야 한다는 사실입니다. 그다음은 옛사람도 말하기를 "군자는 모든 것을 스스로에게서 구하고, 소인은 모든 것을 남에게서 구한다(君子求諸己, 小人求諸人)."라고 하듯이 우리는 의존하는 마음을 가져서는 안 될 것이며, 감응이란 자기 자신이 부르는 것이지 결코 바깥으로부터 얻을 수 있는 것이 아님을 알아야 할 것입니다.

　어떤 사람이 말하기를 "염불하여 정토에 나는 것은 불력(佛力)에 의한 접인(接引)으로 말미암은 것이다."라고 하는데, 이 말은 맞다고도 할 수 있고 또한 그르다고도 할 수 있습니다. 무엇 때문일까요? 왜냐하면 '접인'이란 말은 단지 근기를 따라서 한 말에 불과하기 때문입니다. 그러나 탐하는 마음이 많은 중생은 모두 힘은 적게 들이고 효과를 크게 거두기를 원합니다. 그러한 까닭에 마치 고리대금처럼 높은 이자, 작은 밑천으로 수입을 많이 거두려고 하는 것입니다. 이에 성인께서 중생의 근기를 따라 응변(應變)하여 불력에 의한 접인을 말씀하신 것

염불, 극락으로의 초대

이며, 그 목적은 일체중생이 스스로 노력하여 염불하게 하려는 것입니다.

사실 우리가 불보살님의 명호를 염하여 정토에 왕생할 수 있는 것도 전부 다 자신의 역량에 의거한 것입니다. 어째서일까요? 생각해 보세요. 부처를 염하는 것이 부처님께서 그대를 대신하여 염하는 것인가요? 보살을 염하는 이 일념이 보살이 낸 마음인가요? 만일 그렇지 않다면 어찌 타력(他力)에 의한다고 할 수 있겠습니까? 가령 불보살님께서 빛을 발하여 그대에게 가피를 내리는 것도 또한 그대 자신이 부처님이나 혹은 보살님을 염해서 얻은 공덕의 감응인 것입니다.

다시 한번 전화 거는 것에 비유하자면, 만일 그대 스스로 전화를 걸지 않는다면, 누가 있어 그대의 전화를 받는 것입니까? 염불도 그와 같은 도리이며, 그러므로 이렇게 불력에 의지하여 정토에 날 수 있으리라고 바라는 마음은 사실상 욕심이며, 바로 의존심일 뿐, 결코 얻을 수 없는 것입니다.

우리들 수행은 자력(自力)에 의지하여 정신을 고무하고 용기를 떨쳐 일으켜서 용맹정진해야 하며, 모름지기 과보는 결코 남이 내게 줄 수 있는 것이 아님을 알아야 할 것입니다. 따라서 염불도 불력에 의한 접인이 아니라고 말할 수 있습니다.

또 옛사람이 말하기를 "장군과 재상은 본래 따로 씨가 있지 않고, 마땅히 남자 스스로 강해져야 하는 것이다(將相本無種 男兒當自强)."라고 하였으니, 불법을 공부하는 우리는 가슴을 펴고 이렇게 말해야 할 것입니다. "부처는 본래 따로 씨가 있지 않고, 중생 스스로 강해져야 할 것이다〔佛陀本無種 衆生當自强〕."

만일 이와 같지 않다면 온종일 불력에 의한 접인에만 의존할 것이니, 이것은 마치 부유한 집안의 자제가 부모가 남긴 재산에 기대는 것처럼 마침내 자신을 망치고 말 것입니다. 그러니 여러분 모두 맹렬하게 각성해야 할 것입니다.

염불, 극락으로의 초대

극락세계로
이민을 가다

|

염불하여 일심불란에 이르러 한 티끌도 오염되지 않으면
대업왕생을 하여 연꽃이 피면 부처를 만날 수 있습니다.

중국에 이러한 말이 있습니다.

"집집마다 관세음이요, 집집마다 아미타불이네."

이와 같이 관세음보살은 우리와 특별한 인연이 있어서 이민(移民) 수속을 따로 밟을 필요가 없이 우리들이 극락세계에 가서 영주하는 것을 환영하십니다. 오직 "한 생각 참된 마음〔一念眞心〕"이 있다는 증명만 있으면 모든 것을 통과할 수 있으며, 절대로 성가실 일이 없을 것입니다. 그러나 만약 "한 생각 참된 마음"이 있다는 증명이 없으면, 극락세계로 이민을 갈 수 없습니다.

누구나 왕생할 수 있는 염불 법문

그러면 "한 생각 참된 마음"이 있다는 증명을 어떻게 얻어낼까요? 그 방법은 매우 간단하고 쉬워서, 단지 진심으로 성의껏 "나무아미타불" 혹은 "나무관세음보살" 혹은 "나무대세지보살"을 염하면 됩니다. 왜냐하면 아미타 부처님은 극락세계의 교주요, 관세음보살과 대세지보살은 그를 좌우에서 모시는 협사(脅士) 보살로서 이분들은 곧 서방의 삼성(三聖)이기 때문입니다. 따라서 그 어떤 분의 명호를 염하든지 염함이 일심불란이 되어 한 티끌도 물들지 않은 경지에 이르게 되면 대업왕생(帶業往生: 업을 가진 채로 왕생하는 것)할 수 있으며, 연꽃이 피면 부처님과 보살님을 뵈옵게 될 것입니다.

만약 극락세계로 이민 갈 마음이 없으면 세 분 성인(聖人)의 명호를 염할 필요가 없겠지만, 극락세계로 이민을 가서 머물 마음이 있으면 반드시 관세음보살의 명호를 염해야만 합니다. 그러면 살아 있는 동안에는 삼재칠난(三災七難)을 면하고, 죽어서는 정토에 왕생하므로 일거양득(一擧兩得)이 될 것이니, 무엇 때문에 즐겁게 염불하지 않겠습니까?

우리가 관세음보살을 염하여 관세음보살과 하나가 되어 분리되지 않는 경지에 이르게 되면, 그때 가선 극락세계에 가지 않으려고 해도 안 될 것입니다. 왜냐하면 이미 깊이 뿌리를 내렸으므로 장차 가지와 잎을 낼 것이며, 가지와 잎이 나면 꽃이 피고 열매를 맺게 될 것이기 때문입니다.

아미타 부처님은 대법왕이다

|

말법 시대의 중생은 염불로써 제도될 수 있으며,

누가 제도되기를 원한다면 염불해야 합니다.

어째서 우리는 "나무아미타불"을 염해야 할까요?

왜냐하면 아미타 부처님과 시방의 일체중생은 모두 큰 인연이 있기 때문입니다. 아미타 부처님께서는 인지(因地)의 수행 시기, 즉 성불하기 이전에 법장(法藏)이라고 하는 비구였습니다. 법장비구는 48대원(大願)을 발하여 각각의 원마다 모두 중생을 제도하여 성불하기를 원하였는데, 그 가운데 한 원은 다음과 같습니다.

"내가 부처가 되었을 때 시방의 모든 중생이 나의 명호를 염한다면 반드시 성불하리라. 만일 그들이 성불하지 못한다면 나도 성불하지 않겠다."

아미타 부처님의 이러한 원력은 마치 자석과도 같은 힘이 있어, 시방의 모든 중생을 마치 한 덩어리의 철을 빨아들이듯이 극락세계로 거두어들입니다. 만일 거두어들일 수 없으면, 아미타 부처님 역시도 성불하지 않겠다고 하셨습니다. 따라서 우리 일체중생이 만일 아미타 불의 명호를 부른다면 모두에게는 성불의 기회가 주어지는 것입니다.

『아미타경(阿彌陀經)』은 부처님께서 아무도 묻는 사람이 없이 스스로 설하신 경전입니다. 어째서 묻는 이가 없는데도 불구하고 부처님 스스로 설하신 것일까요? 왜냐하면 아무도 이 법문을 이해할 수 없었으므로 묻는 이가 없었으며, 대지(大智) 사리불 존자가 비록 설법의 대상이라고는 하나 그도 어떻게 여쭤야 할지 몰랐기 때문입니다. 부처님께서는 (필요한 법문을 묻는 사람이 없어) 참지 못하는 가운데 가장 간편하고, 가장 직접적이며, 가장 마땅하며, 가장 일을 더는 경제적인 염불 법문을 우리들에게 가르쳐 주신 것입니다.

필요로 하는 것은 다만 각기 저마다 온 힘을 다해 전심으로 염불하는 것입니다. 『아미타경』에서 "만일 하루, 이틀 혹은 사흘, 나흘, 닷새, 엿새, 이레 동안에 일심불란의 경지에 이르게 되면, 그 사람이 임종할 때 아미타 부처님과 여러 성중들이 그의 앞에 나타나 접인할 것이다(若一日, 若二日, 若三日, 若四日, 若五日, 若六日, 若七日, 一心不亂, 其人臨命終時, 阿彌陀佛與諸聖衆現在其前)."라고 하셨습니다.

그런 까닭에 이 법문은 일반인이 믿기 어려운 것이지만 도리어 가장 직접적이고 가장 마땅한 법문입니다. 염불 법문은 상·중·하의 세 근기가 두루 가피를 입을 수 있으며, 이근(利根)과 둔근(鈍根)을 함께 받아들입니다. 즉 그대가 총명한 사람이건, 어리석은 사람이건 관계없이 모두 다 성불할 수 있습니다.

극락세계에 가서 나면, "아무런 고통이 없고, 오직 갖가지 즐거움만 받으며[無有衆苦, 但受諸樂]" 연꽃에서 화생(化生)하니 우리 인간들이 이곳에서 태(胎)를 거쳐야 하는 것과는 달리, 극락세계에서는 연꽃을 태로 삼아 그 속에 일정한 기간을 머무르면 장래 성불하게 됩니다.

> 한 구의 아미타불은 만법의 왕이며
> 오시 팔교를 모두 포함하고 있네.
> 수행인이 단지 전심으로 염불하면
> 반드시 여래의 움직이지 않는 당에 들어가리라.
> 一句彌陀萬法王　五時八敎盡含藏
> 行人但能專持念　定入如來不動堂

- 일구미타만법왕(一句彌陀萬法王): 이 한 구절의 '아미타불'은 곧 만법의 왕입니다.
- 오시팔교진함장(五時八敎盡含藏): 오시(五時)란 (1)화엄시(華嚴時), (2)아함시(阿含時), (3)방등시(方等時), (4)반야시(般若時), (5)법화열반시(法華涅槃時)이고, 팔교(八敎)는 (1)장교(藏敎), (2)통교(通敎), (3)별교

(別教), (4)원교(圓教), (5)돈교(頓教), (6)점교(漸教), (7)비밀교(秘密教), (8)부정교(不定教)로서 이 오시와 팔교를 합한 모두가 이 한 구절 '아미타불' 안에 포함되어 있습니다.

- 행인단능전지념(行人但能專持念): 우리들 가운데 어느 누구이건 전심으로 염불할 수 있다면,
- 정입여래부동당(定入如來不動堂): 결정코 상적광정토(常寂光淨土), 극락세계에 들어갈 것입니다.

우리들 말법 시대의 중생은 염불에 의하여 제도될 수 있습니다. 누구든 제도 받기를 원한다면 염불해야만 합니다.

> 말 한마디 적게 하고 염불 한 번 더 하라.
> 생각을 제어하면 너의 법신이 살아나리라.
> 少說一句話　多念一聲佛
> 打得念頭死　許汝法身活

여러분들은 부디 이 염불 법문을 소홀히 여기지 말기를 바랍니다.

염불의 네 가지 방법

|

지명(持名) 염불, 관상(觀想) 염불,

관상(觀相) 염불, 실상(實相) 염불

염불 법문에는 네 가지의 염하는 방법이 있습니다.

(1) 지명염불(持名念佛): 부처님의 명호를 듣고 일심으로 칭념하는 것
으로, 즉 "나무아미타불, 나무아미타불……" 하고 염하는 것입니다.

(2) 관상염불(觀想念佛): 관상(觀想)이란 마음으로 보는 것을 말합니
다. 다음과 같이 마음에 그려 봅니다.

누구나 왕생할 수 있는 염불 법문

아미타 부처님의 몸은 금색

그 상호 광명, 무엇에도 비할 바 없어라.

백호가 선회하여 다섯 수미산을 에워싸고

맑디맑은 푸른 눈동자 사대해를 이루네.

광명 속에 헤아릴 수 없는 수억의 화신불과

변화한 보살도 또한 가이없어라.

사십팔 대원으로 뭇 중생을 건지며

구품의 중생 모두를 저 언덕에 이르게 하네.

阿彌陀佛身金色　相好光明無等倫

白毫宛轉五須彌　紺目澄清四大海

光中化佛無數億　化菩薩衆亦無邊

四十八願度衆生　九品咸令登彼岸

(3)　관상염불(觀相念佛): 아미타 부처님의 상(相)을 대하고 나무아미타불을 염하는 것을 관상염불이라고 합니다. 한 번 염불할 때마다 입으로 분명히 염송하고, 귀로는 분명히 듣고, 마음속으로 분명하게 생각해야 합니다.

(4)　실상염불(實相念佛): 자성법신(自性法身)의 참된 부처님을 염하는 것으로 이는 곧 참선을 뜻합니다. '염불하는 이가 누구인가(念佛是誰)'를 궁구하고, 염불하는 것이 누구인지를 찾는 것입니다.

이번 7일 염불정진을 원만하게 마칠 때까지, 우리는 '염불하는 이가 누구인가?'를 반드시 찾아야만 합니다. 반드시 그것을 찾아서 잃어버리지 않아야 합니다. 당신이 만약 잃어버리면 그것은 바로 길을 잃어버린 것으로서 집으로 돌아갈 수 없을 것입니다. 집에 돌아가지 못한다면, 아미타 부처님도 뵈올 수가 없을 것입니다.

누구나 왕생할 수 있는 염불 법문

믿음, 발원, 수행은
세 가지 자량

|

믿음(信), 발원(願), 수행(行)은 정토 법문을 수행하는

세 가지 자량(資糧 : 노자와 양식)입니다.

믿음, 발원, 수행, 이것은 정토 법문을 수행하는 데 있어서의 세 가지 자량(資糧)입니다. 무엇을 자량이라고 할까요? 일례로 그대가 어떤 지방으로 여행을 가려고 한다면 우선 먹을 것을 조금 준비해야 하는데, 이를 일러 량(糧)이라 합니다. 또한 돈도 조금 준비해야 하는데 이것은 자(資)라고 일컫습니다. 자량(資糧)은 곧 그대가 먹을 음식과 쓸 돈입니다. 한편 그대가 극락세계에 가려고 한다면 또한 세 가지 자량을 필요로 하는데 이것은 곧 믿음과 발원, 수행입니다.

우선 그대는 반드시 믿음이 있어야 합니다. 만일 믿는 마음이 없

다면 그대와 아미타 부처님과는 인연이 없는 것입니다. 반면 그대에게 믿는 마음이 있으면 인연이 생기게 됩니다. 따라서 우선 믿음을 필요로 합니다. 믿는다고 하는 것은 자신을 믿어야 하며, 또 남을 믿어야 합니다. 또한 원인(因)을 믿어야 하며, 결과(果)를 믿어야 합니다. 그리고 사실이나 현상(事)을 믿어야 하며, 도리(理)를 믿어야 합니다.

무엇이 자신을 믿는 것일까요? 그대는 자신이 결단코 극락세계에 가서 날 수 있으며, 그럴만한 자격이 있다는 사실을 믿어야 합니다. 자기 자신을 경시하며 말하기를 "아! 나는 죄업을 아주 많이 지었으니 극락세계에 가서 날 수는 없을 것이야."라고 한다면 이는 곧 자신에 대한 믿음이 없는 것입니다.

그대가 지은 죄업이 많습니까? 그렇다면 당신은 지금 좋은 기회를 만난 것입니다. 무슨 좋은 기회인가 하면 업을 가진 채로(帶業) 왕생할 수가 있는 것입니다. 즉 그대가 저지른 어떤 죄업이라도 전부 서방 극락세계로 가져갈 수가 있습니다. 그러나 그대가 명심해야 할 점은 '업을 가지고 간다'고 할 때의 이 '업'은 숙세의 업(宿業)이지, 새로운 업(新業)이 아니라는 사실입니다. 숙(宿), 즉 숙세(宿世), 혹은 전생의 업과 불법을 공부하기 이전에 지은 죄업은 가지고 갈 수 있지만 새로운 업, 즉 장래의 죄업은 가지고 갈 수 없다는 것입니다.

이전에 그대가 어떠한 잘못을 저질러 죄업을 지었든지, 지금 그대가 그 과오를 고쳐서 새롭게 하고 나쁜 행위를 뜯어고쳐서 선으로 향할 수만 있다면, 이전에 지은 죄업을 갖고 극락세계에 갈 수가 있습니다. 하지만 장래의 업은 가지고 가지 못합니다.

　남을 믿는다(信他)고 하는 것은 이곳에서 서방으로 십만 억 불국토 떨어진 곳에 확실히 극락세계가 있음을 믿는 것입니다. 이것은 당초 아미타 부처님께서 성불하기 이전 법장비구로 있을 적에 발원한 데서 기인합니다. 그가 말하기를, '장차 하나의 극락세계를 조성할 것인데 시방의 중생이 만일 그의 나라에 태어나길 원한다면, 다른 것은 필요 없고 오로지 그의 명호를 염하기만 하면 극락세계에 가서 날 수 있으며, 다른 어떤 것도 신경 쓸 일이 없다'고 했습니다. 이것은 가장 쉽고 간단하며, 편리하고, 원융하며, 또한 경제적이고 힘이 안 드는 것으로서 최고의 법문이며, 가장 위없는 법문이라고 말할 수 있습니다. 단지 '나무아미타불'만 염하면 극락세계에 가서 날 수 있으니 이것이 곧 남을 믿는다(信他)는 것입니다.

그리고 원인(因)을 믿어야 하고 결과(果)를 믿어야 합니다. 어떠한 원인(因)을 믿어야 합니까? 그대 자신이 이전에 심어놓은 선근이 있기 때문에 비로소 이와 같은 법문을 만날 수가 있었다는 사실을 믿어야 합니다. 만일 그대에게 선근이 없다면 이러한 염불 법문을 만날 수가 없고, 또한 부처님의 일체 법문도 만날 수가 없을 것입니다. 하지만 그대는 선근이 있어서, 즉 이전에 이러한 선한 원인(善因)을 심었기 때문에 현생에서 정토 법문을 만나게 되었습니다. 그리하여 이것을 믿고 정토왕생을 발원하며, 지명염불(持名念佛)을 할 수가 있는 것입니다.

만일 계속해서 이러한 선근을 가꾸지 않는다면, 장래에 깨달음의 열매〔菩提果〕를 성취할 수가 없을 것입니다.

따라서 그대는 반드시 원인〔因〕을 믿고 결과〔果〕를 믿어야 하며, 자신이 이전에 심어 놓은 보리〔菩提〕의 인〔因〕이 장차 반드시 보리의 열매를 맺으리라는 사실을 믿어야만 합니다. 마치 농사를 짓는 것과 같이 씨앗을 땅에 심었으면 반드시 물을 주고 재배를 해야 비로소 그것이 잘 자라는 것과 같습니다.

그리고 우리는 사〔事: 사실과 현상〕를 믿고 도리〔理〕를 믿어야 합니다. 무엇이 사〔事〕를 믿는 것이며, 무엇이 도리〔理〕를 믿는 것인가요? 아미타 부처님과 우리 사이에는 깊은 인연이 있어서 반드시 그분이 우리를 맞이하여 성불케 하리라는 사실을 그대는 알아야만 합니다. 이것이 사〔事〕입니다.

도리를 믿는다는 것이 어째서 아미타 부처님과 우리 사이에 깊은 인연이 있다고 하는 것인가요? 만일에 인연이 없다면 우리는 이 정토 법문을 만날 수가 없습니다. 아미타 부처님은 곧 일체중생이요, 일체중생은 곧 아미타 부처님입니다. 아미타 부처님은 염불로써 아미타불이 되신 까닭에 우리 중생도 만약 염불한다면 아미타불이 될 수가 있다는 사실이 바로 도리〔理〕입니다.

이러한 도리〔理〕와 사실〔事〕이 있기에 우리는 사리〔事理〕에 의거하여, 『화엄경〔華嚴經〕』에서 말하는 "사무애법계〔事無碍法界〕, 이무애법계

누구나 왕생할 수 있는 염불 법문

(理無碍法界), 이사무애법계(理事無碍法界), 사사무애법계(事事無碍法界)"
를 수행하는 것입니다.

자성(自性)을 가지고 이야기하자면, 우리와 아미타 부처님은 근본
적으로 하나인 까닭에 우리는 모두가 다 성불의 자격이 있습니다. 아
미타 부처님은 중생의 마음 가운데의 아미타불이요, 중생도 아미타불
마음 가운데의 중생입니다. 이러한 관계에 의해서 사(事)와 이(理)가
있게 되는 것입니다.

그러나 이러한 도리를 그대가 반드시 믿어야 하고 또한 실행해야
하며, 게으름을 피워서는 안 됩니다. 일례로 염불하는 시간을 하루하
루 점차 늘려나가야 하지 하루하루 줄여서는 안 될 것입니다.

믿음(信)에 대한 설명을 마쳤으므로 이제 발원(願)에 대해서 알아보겠
습니다. 무엇을 원(願)이라 할까요? 원(願)은 곧 그대가 원하는 것입니
다. 그대가 원하는 것은 그대의 의지가 향하는 것으로서 그대의 마음
이 무엇을 원하면, 곧 하나의 원을 발하게 됩니다. 이러한 원에 사홍서
원(四弘誓願)이 있습니다.

중생이 가없으나 맹세코 모두 건지리다.

번뇌가 다함 없으나 맹세코 모두 끊으리다.

법문이 한량없으나 맹세코 모두 배우리다.

불도가 위없으나 맹세코 모두 이루리다.

衆生無邊誓願度 煩惱無盡誓願斷
法門無量誓願學 佛道無上誓願成

과거의 제불과 과거의 보살은 모두 다 이 사홍서원에 의거하여 부처의 과위를 증득(證果)하고 보살도를 행했습니다. 현재의 불보살과 미래의 부처도 이 사홍서원에 의거하여 수행을 하고 과위를 증득하게 될 것입니다.

하지만 발원하는 데 있어서 우선 신심을 가져야 합니다. 첫째로 반드시 '극락세계가 있음'을 믿어야 합니다. 둘째는 '아미타 부처님이 계심'을 믿어야 하며, 셋째는 '나는 아미타 부처님과 반드시 큰 인연이 있어서 반드시 극락세계에 가서 날 수 있다'는 사실을 믿어야 합니다.

이러한 세 가지의 믿음이 갖춘 연후에 반드시 극락세계에 왕생할 것이라는 원을 발할 수 있으며, 비로소 "서방 정토에 왕생하기를 원합니다."라고 말할 수 있습니다. 내가 극락세계에 왕생하려는 것은 누군가에 의해 억지로 강요된 것도 아니며, 혹은 남이 나를 끌고 가는 것도 아닌, 순수한 나의 원력에 의한 것입니다.

비록 아미타 부처님께서 나를 맞이하여 가신다고 말하지만, 이는 자기 스스로 아미타 부처님 가까이 가기를 원하고, 극락세계에 나서 연꽃이 피면 부처님을 뵙고 법문을 들으려는 원이 있어야 합니다. 이와 같은 원이 있은 연후에는 다시 수행(行)을 해야 합니다.

어떻게 수행을 해야 할까요? '나무아미타불, 나무아미타불…' 아!

마치 자신의 머리를 구하려는 것처럼 염불해야 합니다. 마치 자기의 머리를 잊어버린 것처럼 누군가 나의 머리를 베어 가려고 한다면, 급박하게 자신의 머리를 보호해야 하듯이 해야 할 것이니, 감히 나태할 수는 없는 노릇입니다.

염불한다는 것은 곧 믿음, 발원, 수행 이 세 가지를 실행에 옮기는 것인데, 이것이야말로 극락세계에 왕생하는 여비이자 자량(資糧)입니다. 자량은 여비, 즉 여행에 쓸 돈을 뜻합니다. 극락세계에 가는 것은 마치 여행과도 같아서, 여행에는 돈과 여행자 수표가 필요하듯이 믿음, 발원, 수행의 세 가지 자량은 바로 극락세계로 가는 여행자 수표에 해당하는 것입니다.

염불, 극락으로의 초대

자기의 극락세계를 성취하다

|

극락세계는 그대와 나, 중생들이 본래 가지고 있는
참된 마음이며, 한 생각 빛을 돌이키면
바로 극락세계입니다.

우리가 지금 "나무아미타불"을 염하는 이것은 바로 저마다 자신의 극락세계를 조성하는 것이며, 저마다 자기의 극락세계를 장엄하고, 저마다 자신의 극락세계를 성취하는 것입니다.

이 극락세계는 결코 십만 억 불국토나 멀리 있는 것도 아니며, 그러나 이 극락세계는 정말로 십만 억 불국토나 멀리 떨어져 있는 것이기도 합니다. 다시 말해 비록 십만 억 불국토나 멀리 떨어져 있다고는 하지만, 그대와 나의 현전하는 한 생각(一念)의 마음을 벗어나지 않습니다. 그것은 그대와 나의 현전하는 이 일념의 마음을 벗어나지 않기

누구나 왕생할 수 있는 염불 법문

때문에 (십만 억 불국토나) 그렇게 멀리 있지 않고, 바로 우리 마음 가운데 존재하는 것입니다.

이 극락세계는 바로 우리 중생이 본래로 지닌 진심(眞心)으로서 그대가 본래의 진심을 얻게 되면 곧 극락세계에 가서 나게 되며, 그대가 자기 본래의 진심을 알지 못한다면 극락세계에 날 수가 없습니다. 아미타 부처님과 우리 중생은 서로 떨어질 수 없으므로 극락세계는 결코 그렇게 멀지 않다고 내가 말하는 것입니다. 우리들이 한 생각을 돌이키면, 중생은 본래 부처이며, 본래로 부처가 바로 극락세계인 것을 알게 됩니다.

그러므로 그대가 오염된 마음을 제거하면 사욕과 잡념이 없어질 것이며, 질투심, 훼방심, 사리사욕심, 이기심도 사라지게 될 것입니다. 그리하여 보살행을 배워 사람들을 이롭게 하고 일체중생을 깨달음으로 인도한다면, 이것이 바로 극락세계가 눈앞에 나타나는 것입니다. 그대에게 잡념이 없고 망상이 없다면, 이것이 곧 극락세계가 아니고 무엇이겠습니까? 따라서 밖을 향해 찾을 필요가 없습니다.

선지식 여러분! 그대들은 모두 크나큰 지혜가 있고 나보다 총명하니 장차 나보다 훨씬 더 설법을 잘하리라 봅니다. 단지 그대들은 현재 중국어를 잘 알지 못하여 내가 하는 말은 식상하고 구태의연한 말로 신기할 것이 없겠지만, 장차 여러분이 나의 참뜻을 깨닫고 더욱 새로운 방식으로 설명할 수 있다면 참으로 근사한 일이 될 것입니다. 이제 나는 여러분들에게 시 한 수를 읊어 주고자 합니다.

대성주, 아미타. 단엄하고 미묘하기 그지없어라.

칠보로 된 연못엔 네 가지 색깔의 연화가

금빛 물결 속에서 솟아오르네.

大聖主 阿彌陀 端嚴微妙更無過

七珍池 華四色 湧金波

이 대성주(大聖主)는 곧 아미타 부처님을 말합니다. 그곳에 단정하게 앉아 계시는 아미타불의 모습은 너무도 미묘하고, 너무도 훌륭합니다! 아미타 부처님의 상호는 더할 나위 없이 근사합니다.

칠진지(七珍池)는 칠보로 된 연못을 말하며, 화사색(華四色)은 연못 속 네 가지 색의 연꽃을 말합니다. 용금파(湧金波)는 칠보로 된 연못의 물과 파도는 모두 금색을 띠고 있음을 나타내고 있습니다.

우리가 이곳에서 '나무아미타불'을 염하노라면, 서방 극락세계의 칠보로 된 연못의 팔공덕수 안에 연꽃이 생겨나게 됩니다. 염불을 많이 하면 할수록 연꽃은 더욱 커지는데 단지 아직 피지는 않은 상태이며, 임종 시에 우리의 자성(自性)이 극락세계의 연꽃 가운데에 나게 될 것입니다.

따라서 만일 자신의 품계가 상품 상생(上品上生)인지 중품 중생(中品中生)인지 하품 하생(下品下生)인지를 알려고 한다면, 자신이 염불을 얼마나 많이 했는지를 보십시오! 염불을 많이 하면 할수록 연꽃은 크게 자라며, 염불을 적게 하면 연꽃도 작을 것입니다. 그럼 염불하지 않는다면 어떻게 될까요? 염불을 하다가 안 하게 되면 연꽃은 말라 버려 결국 시들어 죽게 됩니다. 따라서 어떠한 과위(果位)를 쟁취하느냐는 전적으로 자기 자신에 달려 있습니다.

염불삼매

|

그대가 염불하여 다른 망상과 잡념이 없으면,
곧 염불의 정(定), 염불의 수용(受用)을 얻은 것입니다.

마음이 청정하면 물에 달이 나타나고
뜻이 고요하면 하늘에 구름이 없네.
心淸水現月　意定天無雲

그대가 염불삼매를 얻었을 때는 바람 부는 소리도 '나무아미타불'로
들리고, 비가 오는 소리도 '나무아미타불'로 들리며, 모든 소리가 다 염
불로 들리게 됩니다. 이른바 "흐르는 물도 부는 바람도 모두 무궁한 법
을 연설하네[水流風動演摩訶]."라고 하듯이, 물이 흐르는 소리도 '나무

아미타불', 바람 부는 소리도 '나무아미타불', 모든 것이 다 '나무아미타불'을 염하게 됩니다.

그런 까닭에 소동파(蘇東坡)는 말하기를 "시냇물 소리는 모두 광장설법을 설하며, 산색은 청정법신 아님이 없네(溪聲盡是廣長舌, 山色無非淸淨身)."라고 하였습니다. 시냇물이 흐르는 소리는 모두 부처님의 광장설상에 의해 묘법을 연설함이요, 산과 나무의 색은 모두 여래의 청정법신입니다. 이것은 바로 염불삼매를 얻었음을 뜻합니다.

나는 이전에 이렇게 한 수의 게송을 쓴 적이 있습니다.

> 염불하여 끊어짐이 없이 염할 수 있고
> 입으로 아미타불 염함이 타성일편을 이루면
> 잡념은 일어나지 않아 염불삼매를 얻으니
> 반드시 정토에 왕생할 희망이 있네.
> 온종일 사바세계의 고통 싫어하니
> 비로소 속세의 마음이 끊어지고
> 극락왕생을 구하는 마음 날로 더하니
> 물든 마음 내려놓고 청정한 마음으로 돌아가네.
> 念佛能念無間斷　口念彌陀打成片
> 雜念不生得三昧　往生淨土定有盼
> 終日厭煩娑婆苦　才將紅塵心念斷
> 求生極樂意念重　放下染念歸正念

염불, 극락으로의 초대

- 염불능념무간단(念佛能念無間斷): 그대가 사이가 끊어짐이 없이 염불하여 하루 종일 염불 소리가 그치지 않을 때
- 구념미타타성편(口念彌陀打成片): 언제나 입속에서 '나무아미타불' 하고 염하니 염불이 타성일편을 이루게 됩니다.
- 잡념불생득삼매(雜念不生得三昧): 다른 망상과 잡념이 없으면 염불의 정(定)을 얻게 되고 염불의 이익을 얻게 됩니다.
- 왕생정토정유반(往生淨土定有盼): 그러면 서방 극락세계에 왕생하리라는 희망은 반드시 이루게 될 것입니다.
- 종일염번사바고(終日厭煩娑婆苦): 하루 종일 사바세계의 고통을 싫어하니
- 재장홍진심념단(才將紅塵心念斷): 이 사바세계가 괴로운 것을 알기 때문에 세상의 모든 쾌락에 대한 집착을 끊으며, 이러한 생각을 끊으면 음욕심도 없어지고 좋은 것을 바라는 마음도, 명예와 이익을 다투는 마음도 사라지게 됩니다. 세상의 바깥 인연을 모두 놓아 버리면 이러한 것들은 모두 거짓된 것이라는 사실을 알게 될 것이며, 그리하여 속세(俗世)에 대한 생각이 끊어지게 됩니다.
- 구생극락의념중(求生極樂意念重): 극락세계에 왕생하려는 마음이 매우 은중하니
- 방하염념귀정념(放下染念歸淨念): 오염된 생각을 놓아 버리고 청정한 마음을 얻게 됩니다.

누구나 왕생할 수 있는 염불 법문

이 한 수의 게송은 염불의 도리에 대해 설명하고 있습니다. 비록 이 여덟 구의 게송이 듣기엔 매우 쉬운 것 같지만, 그 뜻을 자세히 음미해 보면 염불 법문을 수행하는 데 있어 많은 도움이 될 것입니다.

이 7일 염불정진에서는 매일 염불을 하고 있는데, 이것은 무엇을 하는 것인가요?

　'부처의 종자'를 심는 일이라고 할 수 있습니다. 그대가 한 번 염불을 하면 부처의 종자가 하나 심어지고, 열 번 염불하면 부처의 종자가 열 개 심어지게 됩니다. 날마다 백 번, 천 번, 만 번 염불을 하면 곧 백 개, 천 개, 만 개의 부처님 종자를 심게 되니, 일단 씨앗이 심어졌으면 장차 반드시 싹이 트게 될 것입니다. 자신이 마음을 모아서 염불을 하고 있는지 혹은 흐트러진 마음에서 염불하고 있는지 생각할 필요는 없습니다.

　여기 매우 좋은 두 구절의 말이 있습니다.

　　　　물 맑히는 구슬을 탁한 물 가운데 넣으니
　　　　탁한 물은 맑아지지 않을 수 없는 것처럼
　　　　염불이 어지러운 마음 가운데 들어가니
　　　　어지러운 마음이 부처를 이루지 않을 수 없네.
　　　　清珠投於濁水　濁水不得不清
　　　　念佛入於亂心　亂心不得不佛

염불, 극락으로의 초대

- 청주투어탁수(清珠投於濁水): 하나의 물 맑히는 구슬이 있어 물 가운데 넣으니,
- 탁수부득불청(濁水不得不清): 제아무리 혼탁한 물일지라도 모두 다 청정하게 맑아집니다. 부처님의 명호를 염하는 염불도 마치 물 맑히는 구슬을 물에 넣어 물을 맑히는 것과도 같습니다.
- 염불입어란심(念佛入於亂心): 우리의 이 마음은 본래로 혼란하고 난잡하여 헤아릴 수 없는 망상이 분분하게 일어납니다. 하나의 망상이 생겼다가 사라지면 다시 다른 망상이 생겨나고, 이것이 사라지면 또 다른 망상이 생겨나기를 반복하는 것이 마치 바다의 파도처럼 그칠 줄을 모릅니다. 그런데 이 부처님의 명호가 어지러운 마음 가운데 들어가면,
- 난심부득불불(亂心不得不佛): 그대의 어지러운 마음도 불심으로 바뀌게 됩니다. 왜냐하면 그대가 염불을 한 번 하면 그대 마음 가운데 한 분의 부처님이 나타나고, 열 번 염불하면 열 분의 부처님이, 백 번, 천 번, 만 번, 염불을 하면 할수록 더욱 많은 부처님이 나타나게 되기 때문입니다.

그대가 한 번 '나무아미타불'을 칭념하면 마음속에 부처님의 일념이 나타나게 되어, 그대가 부처님을 염하듯이 부처님도 그대를 염하게 되는 것입니다. 마치 무선 통신처럼 그대가 아미타불을 염하면 무선의 전파가 라디오에 감지되듯 감응도교(感應道交)가 일어나게 됩니다.

누구나 왕생할 수 있는 염불 법문

앞서 읊은 두 구절에서 보건대 우리들 염불하는 사람이 심는 공덕은 실로 불가사의합니다. 그대가 염불을 하고 있으면 다른 망상이 일어나지 않으니 망상을 짓지 않는 이것은 바로 그대 자성의 공덕입니다.

염불, 극락으로의 초대

여러 대보살이 찬탄하는
염불 법문

|

염불 법문은 가장 편리하고 가장 쉬우며,

가장 간단하고 가장 원융한 수행 법문입니다.

사람들의 마음은 바쁘기 그지없어, 하루 종일 할 일을 찾아 쉴 줄을 모릅니다. 따라서 우리의 이 마음에게 그대가 한 가지 할 일을 주지 않으면 그는 언제나 자재롭지 못하므로 '나무아미타불'을 찾아 주어야 합니다.

이 한 구절 부처님의 명호는 또한 바로 참선이기도 합니다. 그대는 눈을 감고 그럴싸하게 앉아 있는 것만 참선이라고 여겨서는 안 됩니다. 눈을 뜨고서도 참선을 할 수가 있습니다. "걷는 것도 선이요, 앉는 것도 선이며, 어묵동정에 몸이 평온하네(行亦禪 坐亦禪 語默動靜體安

然)."라고 하듯이 행주좌와(行住坐臥)가 모두 참선입니다.

영명연수(永明延壽) 선사는 사료간(四料簡) 게송에서 다음과 같이 말했습니다.

> 참선과 정토 수행이 있는 이는
> 마치 호랑이에 뿔을 단 것처럼
> 현생에선 사람들의 스승이 되며,
> 내생엔 부처님과 조사를 이루리라.
> 참선만 있고 정토 수행이 없으면
> 열에 아홉은 길을 잘못 들어 수행을 그르치고
> 참선 수행은 없어도 정토 수행이 있으면
> 만 사람이 수행하여 만 사람이 모두 왕생하리.
> 有禪有淨土　猶如戴角虎
> 現世爲人師　來生作佛祖
> 有禪無淨土　十人九蹉路
> 無禪有淨土　萬修萬人去

정토 법문은 가장 쉽게 닦을 수 있는 하나의 법문으로, 과거의 여러 대보살들도 모두 정토 법문을 찬탄하였습니다. 문수보살도 염불을 찬탄하셨으며, 보현보살도 『화엄경(華嚴經)』 「보현행원품(普賢行願品)」에서 시방의 중생을 섭수하여 정토에 왕생토록 하였습니다. 그리고 관세음 보살도 염불하셨는데,『능엄경(楞嚴經)』을 들은 적이 있는 사람이라면 응당「대세지보살염불원통장(大勢至菩薩念佛圓通章)」에서 이 염불 법 문에 대해 매우 잘 설명하고 있음을 알고 있을 것입니다. 이렇게 대세 지보살 역시도 염불 법문을 찬탄하였습니다.

이들 과거의 여러 대보살은 모두 정토 법문을 찬탄하였으며, 정토 법문을 전념하여 닦았습니다. 그리고 과거의 여러 조사 스님들께서도 먼저 참선을 하고 나중에는 염불을 하였는데, 참선으로 깨달음을 얻은 후에는 염불에 전념하였던 것입니다. 일례로 영명연수 선사께서 한 마 디 '아미타불'을 염할 때마다 한 분의 아미타 부처님의 화신이 나타났 습니다. 또한 근대의 인광(印光) 노스님도 오로지 염불 법문을 제창하 였으며, 허운(虛雲) 노스님께서도 염불 법문을 제창하였습니다.

그런 까닭에 이 염불 법문은 가장 편리하고 쉬우며, 가장 간단하 고 원융한 하나의 수행 법문입니다. 이 법문은 시방의 제불께서 한결 같이 찬탄하셨는데,『아미타경(阿彌陀經)』을 보면 시방의 제불이 모두 다 광장설상을 내어 삼천 대천세계를 두루 덮으며 이 법문을 찬탄하셨 습니다. 만일 이것이 바른 법문이 아니라면, 어째서 시방 제불이 다 함 께 이를 찬탄하셨겠습니까? 이러한 점으로도 증명할 수 있듯이 우리 가 수행하고 있는 이 염불 법문은 가장 좋은 법문입니다. 더욱이 말법 시대에는 사람마다 누구든지 염불을 닦아야 합니다.

그러나 서양에는 지금 정법 시대가 펼쳐지고 있으니, 여러분이 만일 이 염불 법문을 닦지 않는다면 목숨 걸고 참선을 해야 할 것입니다. 어떤 괴로움도 두려워해서는 안 됩니다.

염불, 극락으로의 초대

서방 정토에 이르면 생사를 마친다

|

한번 '나무아미타불'을 염하면 사람마다 모두
서방 극락세계에 왕생할 자격이 생깁니다.

지명염불(持名念佛)은 말법 시대의 가장 중요한 법문이므로, 요즈음 일반인들 사이에서는 보편적으로 모두 염불 법문을 믿고 있습니다. 여러분은 이 염불 법문을 가벼이 여겨서는 안 될 것입니다. 영명연수 선사가 '나무아미타불'을 한 번 칭명할 때면 입속에서 한 분의 화신불이 나왔다고 하니, 당시 오안 육통(五眼六通)이 열린 이라면 누구나 다 볼 수가 있었습니다. 따라서 이 염불의 공덕은 불가사의한 것입니다. 아울러 그대가 한번 염불할 때마다 몸에서 빛을 발하니, 이렇게 한번 방광(放光)하면 요사스러운 마귀와 귀신은 모두 그대를 피하여 멀리 달아나 버립니다. 그래서 염불의 공덕은 매우 불가사의한 것입니다.

이 염불 법문을 그대는 참된 것으로 보아서도 안 되고, 또한 거짓인 것으로 보아서도 안 됩니다. 참됨과 거짓의 사이에서 그대가 수행을 잘하면 참된 것으로 변하고, 수행을 잘하지 못하면 그것은 거짓된 것으로 변하고 맙니다. 단지 염불 법문만 이런 것이 아니라 모든 일체의 법문이 그렇습니다. 이른바 "삿된 사람이 정법을 행하면 정법도 삿된 것이 되고, 올바른 이가 삿된 법을 닦으면 삿된 법도 바른 것이 된다."라는 것이며, 이것은 바로 수행하는 사람에 따라 논하는 말입니다.

따라서 우리가 부처님께 예배를 드릴 때는 다음과 같이 관상(觀想)해야 합니다. "나의 이 몸이 시방의 한량없는 제불의 국토에 가득차 제불국토의 모든 부처님 앞에 정례를 드립니다." 그대가 법계를 관상할 수 있다면 그대의 몸 역시도 법계처럼 그렇게 커질 수가 있습니다. 그러기에 이렇게 말합니다.

> 만약 어떤 사람이 삼세의
> 모든 부처님을 알려고 한다면,
> 마땅히 법계의 성질은
> 모든 존재는 오직 마음이 짓는 것이라고 관해야 하리.
> 若人欲了知　三世一切佛
> 應觀法界性　一切唯心造

염불은 가장 쉽게 닦을 수 있는 법문이며, 또한 누구든지 닦을 수 있는 법문입니다. 그대가 항상 '나무아미타불'을 염하면 임종 시에 서방 극락세계에 이르러 연꽃에서 화생하여 날마다 아미타 부처님의 설법을 듣고 장래에는 성불하게 될 것입니다.

본래 말하기를, 장차 임종 시에 염불하여 서방 극락세계에 난다 하였습니다. 그렇다면 우리는 아직 죽는 것도 아닌데 지금 현재 염불하는 것은 무엇 때문인가요?

그것은 죽을 때 유용하게 사용하기 위함이나, 그대는 살아 있는 동안에 염불하는 마음을 배양해야 합니다. 그대가 한 그루 나무를 심어서 그 나무가 현재 몇십 척이나 자랐다면, 이 몇십 척의 높이는 오늘 당장에 자란 것이 아니라 이전부터 하루하루 자라서 현재의 높이를 이룬 것입니다. 염불도 그래서 그대가 지금 염불을 할 수가 있으면 목숨을 마칠 즈음에 병이 없고, 탐하는 마음, 성내는 마음, 어리석은 마음이 없으니 마음이 어지럽지 않아 일심으로 염불하게 되는 까닭에 아미타 부처님께서 그대를 영접하게 될 것입니다.

한편 그대가 지금 염불하지 않으면 임종 시 사대가 분리될 때 그대는 염불을 생각할 수 없습니다. 다만 선지식이 있어 그대를 도와 염불할 수 있도록 깨우쳐 줄 경우에는 할 수 있을지 모르나, 만약 선지식을 만나지 못하면 그대 스스로 염불할 생각이 일어나기 어렵습니다. 따라서 살아 있는 동안 날마다 염불하여 염불삼매를 얻어 공부가 한 조각을 이루면[打成一片], 임종 시에 그대는 자연스럽게 '나무아미타

누구나 왕생할 수 있는 염불 법문

불'을 염하게 될 것이며 '나무아미타불'을 잊지 않을 것입니다. 그대가
'나무아미타불'을 잊지 않으면 아미타 부처님도 그대를 잊지 않습니
다. 따라서 그분은 큰 서원의 배를 타고 금대(金臺)로 그대를 접인하여
서방 극락세계로 맞이할 것입니다.

> 그대도 염불하고 나도 염불하고,
> 그대와 나 무엇 때문에 염불하나?
> 생사를 마치고 사바를 바꾸니,
> 곳곳마다 극락세계 아미타 부처님.
> 그대도 나도 없고, 있는 것은 무엇인가?
> 만물을 고요히 관하여 모든 것을 깨달으니,
> 번뇌는 끊어지고 무명은 깨어져서
> 삼계의 거대한 사랑의 강물을 뛰어넘네.
> 你念佛, 我念佛, 你我念佛爲什麻
> 了生死 化娑婆, 處處極樂阿彌陀
> 無你我, 有什麼 萬物靜觀皆自得
> 煩惱斷, 無明破, 跳出三界大愛河

그대는 무엇 때문에 염불합니까? 나는 무엇 때문에 염불하나요? 어떤
어리석은 이는 말하기를 "부처님께 원하옵나니 내일 맛있는 음식을
먹게 해주세요."라고 하고, 어떤 이는 또한 말하기를 "나무아미타불,

나무아미타불, 나를 도와서 이렇게 춥지 않게 해주세요."라고도 합니다. 또 어떤 이는 염불하면서 "귀찮은 일 없이 모든 일이 순조롭고 평안하며 즐겁기를 바랍니다."라고 하며, 또한 다시는 괴로움을 받지 않기 위하여 염불하는 이도 있습니다. 비록 바람은 각각 다르지만, 염불의 주요한 목적은 이러한 것들이 아닙니다. 그렇다면 도대체 무엇을 위해서 염불해야 할까요? 그것은 '생사를 끝내기 위함'입니다.

생사를 끝낸다(了生死)는 것은 무엇인가요? 일정치 않은 생사를 마치는 것이며, 이처럼 자기도 주재자도 없이 나서는 죽고, 죽고는 다시 나는 끝없는 생사 순환에 스스로 주재자가 된다는 것입니다. 생사를 주재한다는 말은 본인이 살려고 하면 살고 죽으려고 하면 죽는 것입니다. 살려고 할 때 날마다 '나무아미타불'을 염하면서 나의 이 수명을 버리지 않기를 원한다면 살게 될 것입니다. 한편 죽기를 원할 경우, '나무아미타불'을 염하고 있으면 아미타불께서 나를 맞이하여 극락세계로 데려가실 것이니 아무 문제 될 것이 없습니다. 몸에는 아무런 병이 없고 마음에는 탐하고 미련을 둘 일이 없으며, 뜻은 전도됨이 없어 마치 선정에 들어가듯이 극락세계에 가서 나게 되니, 중요한 점은 바로 이것입니다.

사바를 바꾼다(化娑婆)라는 말은, 이 사바세계를 극락세계로 변화시키는 것으로, 일체의 고통이 없고 오직 갖가지 즐거움만 얻게 되는 극락세계로 바꿈을 뜻합니다. 이렇게 되면 곳곳마다 극락세계 아미타부처님(處處極樂阿彌陀)이니, 모든 곳이 다 고뇌가 없는 극락세계이며,

누구나 왕생할 수 있는 염불 법문

곳곳에 모두 아미타 부처님이 계시는 것입니다.

그대도 나도 없다(無你我)는 것은 염불을 하고 있는 동안 그대도 없고 나도 없고 부처님도 없으며, 아무것도 없어지게 됨을 말합니다. 어떤 이는 말하기를 "그러면 이것은 너무 위험하지 않은가? 염불하여 모든 것이 다 없어져 버린다면, 그것은 모든 것이 끝나는 게 아닌가?"라고 할지 모릅니다. 그러나 두려울지라도 그대는 이를 끝낼 수 없으며, 만약 그대가 진정으로 이를 끝낸다면 그것은 바로 해탈입니다. 그대가 진정으로 끝내지 못하면, 끝나지 않습니다. 만일 그대가 진정으로 끝낸다면 어떻게 되는 걸까요?

만물을 고요히 관하여 모든 것을 깨닫네(萬物靜觀皆自得)라는 경지에 들어 세간의 모든 사물을 다 알게 될 것입니다. 심지어 까마귀는 왜 검은지, 백학은 왜 흰지, 소나무는 왜 곧고, 가시나무는 왜 굽었는지 그 무엇이든 다 알 수 있게 됩니다.

이때에 그대는 무엇이든 다 알기 때문에 번뇌를 끊고 무명도 깨뜨려서, 삼계의 거대한 사랑의 강물을 뛰어넘습니다(跳出三界大愛河). 이것은 욕계, 색계, 무색계라는 거대한 사랑의 강(愛河)에서 벗어나는 것입니다. 삼계란 어떤 것인가 하면, 마치 한 줄기 거대한 사랑의 강과 같은 것입니다. 그 가운데서 사람들은 뒤죽박죽 전도되어 너는 나를 사랑한다고 하고, 나는 너를 사랑한다고 말하며, 사랑하고 사랑하면서 죽는 순간까지도 여전히 깨닫지를 못합니다. 그리하여 내생을 맞이하여도 다시금 이 길을 쫓아, 언제나 거기서 벗어나지 못하는 것입니다.

염불, 극락으로의 초대

어떤 사람은 말하기를 "나는 이 사랑의 강에서 나가고 싶지 않다."라고 하는데, 그렇다면 잠시 기다려 보세요. 여기에 머물러, 나서는 죽고, 또 죽은 후 다시 태어나는 생사윤회를 반복하면서 다음번에 받는 생은 전생의 생보다 못하고, 다음번에 맞는 죽음은 전생의 죽음보다 못하여 점점 아래로 치달아 갑니다. 우물쭈물하는 사이에 강바닥(지옥)까지 와 버리면 위로 올라가지 못하고 익사하게 되는 것입니다.

익사한다는 것은 무엇을 말할까요? 바로 바닥의 끝까지 타락한 끝에 신령스러운 성품이 그 완전함을 잃고 찌꺼기처럼 불완전해지는 상태를 말합니다. 어떤 때는 한 마리 작은 벌레로, 어떤 때는 한 마리 작은 개미로, 모기로, 이렇게 자그마한 것으로 변하여 지혜도 작아지고 복보(福報)도 없어져서, 매우 쉽게 죽고 또한 매우 쉽게 태어나게 되는 것입니다. 그런 까닭에 이를 일러 "다음번 받는 생은 그 전생의 생보다 못하고, 다음번에 맞는 죽음은 그 전생의 죽음보다 못하다(一生不如一生, 一死不如一死)."라고 하는 것입니다.

이 세상의 어떤 일도 일정하게 정해진 것은 없다는 것을 알아야 합니다. 만일 정해진 것이라면 그것은 이미 이루어진 것이며, 이미 기정화된 사실이 아니라면 일정치 않고 변할 수 있습니다. 가령 우리는 본래 서방 극락세계에 날 자격이 없었지만, 그대가 '나무아미타불'을 염한 까닭에 각각의 사람은 모두 서방 극락세계에 날 자격을 가지게 되었습니다.

하지만 이것은 그대가 염불을 하느냐 않느냐에 달려 있습니다. 만일 그대가 염불을 하면 할 수 없는 일도 할 수 있게 되는 것입니다. 즉 서방 극락세계에 왕생하는 것은 본래 매우 어려운 일이지만, 그대가 염불을 함으로써 이것을 이룰 수 있게 된 것입니다. 반면 염불을 하지 않는다면, 이룰 수 있는 것도 이룰 수가 없게 됩니다. 그대가 '나무아미타불'을 염하지 않으면, 본래 극락세계에 날 수 있었지만, 그대가 염불을 하지 않아서 극락에 날 수가 없게 되고 만 것입니다. 그런 까닭에 세간의 일은 정해진 법이 없는 것입니다.

『금강경(金剛經)』에서 말씀하시기를 "아뇩다라삼먁삼보리라고 하는 정해진 법은 없다(無有定法, 名阿耨多羅三藐三菩提)."라고 하였는데, 이것은 바로 무상정등정각(無上正等正覺)을 얻는 정해진 법은 없다는 것입니다. 우리는 큰 용맹심을 발하여 어떠한 고난도 두려워하지 말고, 배고픔과 추위도 겁내지 말고, 극락세계에 이를 때까지 앞을 향하여 나아가야 할 것입니다. 우리가 '나무아미타불'을 염하는 것이야말로 비로소 참된 것이며, 우리가 '나무아미타불'을 염하여 생사를 끝내는 것이야말로 가장 요긴한 일입니다.

염불, 극락으로의 초대

언제나 염불하고 언제나 부처님을 억념하면,

설령 지금은 부처님을 뵙지 못하더라도, 장래에는

반드시 부처님을 뵐 수 있을 것입니다.

당초 아미타 부처님께서 전륜성왕으로 계실 때 관세음보살은 그의 장남이었으며, 대세지보살은 그의 차남이었습니다. 이 두 분의 대보살은 현재 극락세계에서 아미타 부처님을 좌우로 보좌하고 있으며, 장래에는 부처님 지위에 오르실 분입니다. 아미타 부처님께서 열반에 드신 후 정법은 무량겁 동안을 세간에 머무르게 될 것입니다.

그리하여 정법이 밤의 전반에서 멸하면 밤의 후반에 관세음보살이 부처님이 되어, 그 명호를 보광공덕산여래(普光功德山如來)라 합니다. 그 여래의 수명은 무량겁이며, 정법도 무량겁을 머문 후 다시금 정법이 밤의 전반에서 멸하면, 밤의 후반에 대세지보살이 성불하여 그 명호를 선주공덕보왕여래(善住功德寶王如來)라 합니다.

대세지보살은 '도섭육근(都攝六根: 육근을 모두 수섭하여 염불의 청정한 생각이 계속 이어지게 하는 수행법)'이라 하는 염불 법문으로 깨달음을 얻으셨습니다. 최초의 염불 수행에서부터 부처를 이루기까지는 52단계가 있는데, 십신(十信), 십주(十住), 십행(十行), 십회향(十廻向), 십지(十地), 등각(等覺), 묘각(妙覺)이 그것입니다. 따라서 대세지보살과 함께 능엄회상에 참석하신 52분의 보살은 바로 이러한 52단계를 대표하고 있습니다.

「대세지보살염불원통장(大勢至菩薩念佛圓通章)」에서 대세지보살은 이렇게 말씀하셨습니다.

"제가 무량겁 이전을 회상해 볼 때에, 어떤 부처님께서 세상에 출현하셨으니 이름이 무량광(無量光)이었으며, 이후 무변광불(無邊光佛), 무애광불(無碍光佛), 무대광불(無對光佛), 염왕광불(焰王光佛), 청정광불(淸淨光佛), 환희광불(歡喜光佛), 지혜광불(智慧光佛), 부단광불(不斷光佛), 난사광불(難思光佛), 무칭광불(無稱光佛), 초일월광불(超日月光佛)의 열두 분의 부처님께서 차례로 일 겁 이내에 세상에 출현하시게 되었습니다. 그 가운데 마지막 초일월광불께서 저에게 염불 법문을 가르치셨는데, 저는 그 가르침을 따라 바른 선정(正定)에 들 수 있었으며, 따라서 이 바른 선정(正定)을 염불삼매라고 말합니다."

이 염불 법문은 비유하자면 두 사람이 있는데, 한 사람은 '늘 생각하는 사람'이고 다른 한 사람은 '잘 잊어버리는 사람'이라고 합시다. 그리하여 이들 두 사람이 비록 서로 만났다 할지라도 만나지 않은 것과 같으며, 어떤 때 서로 보았다 하더라도 보지 않은 것과 같은 것입니다. 여기서 '늘 생각하는 사람'은 부처님을 가리키고, '잘 잊어버리는 사람'은 중생을 가리킵니다.

부처님께서는 언제나 중생을 생각하지만, 중생은 늘 부처님을 망각하고 있습니다. 가끔 불법은 매우 좋은 것이라는 생각이 들지만 어떤 점이 좋은지 알지 못합니다. 그리고 고요한 마음으로 배우려고 하지 않습니다.

부처님께서는 어째서 중생을 생각하나요? 왜냐하면 부처님은 중생이 과거의 부모이며, 미래의 제불로서 중생과 제불은 본래 한 몸임을 알고 있기 때문입니다. 따라서 부처님께서 말씀하시기를 "일체중생은 모두 불성이 있고 모두 부처가 될 수 있다〔一切衆生, 皆有佛性, 皆當作佛〕."라고 하셨습니다.

이것이 불교의 위대한 점이며, 또한 불교의 교의(教義) 가운데 가장 높은 점이기도 합니다. 불교에서는 살생하지 말고, 훔치지 말고, 사음하지 말고, 거짓말하지 말고, 음주하지 말라는 오계(五戒)를 제창합니다. 그 이유는 중생을 애호하고 교화하기 위함이며, 중생이 미혹을 돌이켜 바른길로 가고, 조속히 본래의 집으로 돌아갈 수 있도록 인도하기 위함입니다.

그러나 우리 중생은 이 세계에 와서 근본을 버리고 지엽을 추구하며, 깨달음을 등지고 티끌(번뇌)에 합하며〔背覺合塵〕, 거짓을 참된 것으로 인식하니〔認假作眞〕 자신의 고향과 자비로운 부모이신 제불보살을 모두 잊어버리고 만 것입니다.

염불 법문에는 지명염불(持名念佛), 관상염불(觀像念佛), 관상염불(觀想念佛), 실상염불(實相念佛)의 네 가지 방법이 있습니다. 그러나 덕행과 도심(道心)이 없는 이가 단지 염불만 하면 때로 마(魔)에 현혹될 수도 있습니다.

언젠가 내가 홍콩의 대서산(大嶼山)에 있을 때, 한 승려가 자흥사에 와서 반주삼매(般舟三昧), 즉 상행삼매(常行三昧: 방 안에서 앉지도 눕지도 않고 오직 걷거나 서서 일심으로 염불하는 수행)를 수행하고 있었습니다. 어느 날 하루는 내가 듣자 하니, 갈수록 더욱 큰 소리로 염불을 하고 발소리가 점점 빨라지는 것이 좀 이상해서 수행하는 방에 들어가 보았습니다. 원래 이 비구는 전생에 소였는데 절의 경작을 도운 공덕이 있어 금생에 사람의 몸을 받아 출가 수도를 하게 된 것이었습니다.

그러나 (전생의) 소의 기질을 바꾸지 못하여 성미가 매우 고약하고 불손하며, 성격이 편벽되어 조복 받기가 힘이 들었습니다. 그가 반주삼매를 닦으려고 한 이유도 이와 같은 나쁜 습기(習氣)를 고치기 위함이었으나 도덕이 부족하고 정력(定力)이 견고하지 못하여 도리어 마(魔)가 붙게 된 것입니다. 그는 아미타불이 눈앞에서 달려가는 것을 보고 그도 부처님을 따라서 달린 것이었는데, 사실상 부처님께서 어떻게 그의 눈앞에서 달리겠습니까? 단지 한 마리 물소의 정령이 아미타불로 변신하여 그를 유혹한 것에 불과한 것이었습니다. 후에 내가 그 경

염불, 극락으로의 초대

계를 타파해 주어 그는 비로소 평정심을 회복하였습니다.

만일 두 사람이 서로 생각함을 잊지 않고 그 생각하는 마음이 간절하고 깊으면, 세세생생 그림자가 형체를 떠나지 않듯이 서로는 떨어지지 않을 것입니다. 중생이 만약 부처님을 염하는 것을 잊지 않는다면, 단지 이생에서 부처님을 뵈올 뿐만 아니라 왕생한 후에라도 항시 부처님을 따라 배우고 다시는 떠나지 않을 것입니다.

시방의 여래께서 중생을 가엾이 여기고 호념하시는 것이 마치 어머니가 자식을 생각하는 것과 같습니다. 가령 자녀가 말을 듣지 않고 가출하여 집에 돌아오지 않는다면, 어머니가 아무리 밤낮으로 생각한들 소용이 없을 것입니다. 하지만 만일 자녀가 어머니를 생각함이 마치 어머니가 자녀를 생각하듯 그렇게 간절하다면, 서로는 세세생생 다시 태어나더라도 멀어질 수 없는 것입니다.

만일 어떤 중생이 마음속에서 언제나 염불을 할 수 있고 항시 부처님을 억념한다면, 설령 지금은 부처님을 뵈올 수 없다 하더라도 장차 반드시 부처님을 뵙게 될 것입니다. 왜냐하면 그는 부처님과 이미 그다지 멀리 떨어진 게 아니기 때문입니다. 이 염불 법문은 다른 방편이나 어떤 비결을 빌릴 필요가 없이 오직 일심으로 염불에 전념하면, 마음이 부처님과 상응하게 되어 마음의 눈이 열리게 됩니다.

마치 향기에 물든 이는 몸에 향기가 나듯이 염불하는 이는 곧 부처님의 향기로 물들어서, 부처님의 법신과 지혜로서 자신의 본각(本覺)

의 심불(心佛)을 장엄하니, 이를 일러 향광장엄(香光莊嚴)이라 합니다.

대세지보살께서 말씀하셨습니다.

"제가 본래 인지(因地)에서 수행할 때의 마음이 곧 염불의 마음으로서, 염불하는 마음과 마음이 서로 이어져 사이가 끊어짐이 없었기 때문에 무생법인(無生法忍)을 얻을 수 있었습니다. 지금 저는 이 세계에서 염불하는 이를 섭수하여 극락정토에 왕생하게 합니다. 이제 부처님께서 제게 원통법문(圓通法門)을 물으시니, 저는 다른 근(根)을 선택하지 않고 오로지 하나의 정명(精明)을 거두어들여 이것이 육근(六根)을 의지하여 육진(六塵)에 반연하여 밖으로 치달리지 않도록 합니다. 하나의 정명을 수습하면 기타 다른 육근은 작용을 일으키지 못합니다."

청정한 생각(淨念)이란 망념(妄念)이 없이 기타 다른 잡념을 갖지 않고 일심으로 염불함을 뜻합니다. 이와 같은 청정한 염불의 생각이 생각 생각마다 사이가 끊어짐이 없이 서로 이어지면, 염불을 염하고 있으면서도 염함이 없으며, 염함이 없으면서도 염불을 하게 되는데, 이러한 경지에서는 생각 생각마다 청정심을 떠나지 않고, 마음은 부처님과 상응하게 됩니다.

이러한 것은 바로 "이 마음이 곧 부처요, 부처가 곧 이 마음이다(卽心是佛 卽佛是心)."라는 경지이며, 마음과 부처가 하나가 되어 바른 선정(正定)을 얻게 됩니다. 따라서 대세지보살은 염불 법문을 가장 제일의 법문이라 여기셨습니다.

연꽃이 피면 부처님 뵙고 무생법인을 깨닫다

|

아미타불은 비록 단지 한 구의 부처님 명호이지만,
부처님 명호를 염하면 일체의 법을 깨달을 수 있습니다.

일찍이 보현보살의 십대원왕(十大願王)을 독송하고 수행으로 받아 지니며, 사경한 적이 있는 이들이라면 자신이 서방 극락의 연화 가운데서 태어나는 것을 볼 수 있을 것입니다.

서방 극락세계에는 오직 남자만 있고 여자는 없으며, 모든 이는 연꽃 속에서 화생합니다. 그리하여 연꽃이 피면 부처님을 뵙고, 아미타불의 수기(授記)를 받아서 언젠가는 성불할 수 있습니다. 수기를 받고 난 후 무수한 백천 억 나유타 겁 동안 시방의 불가설불가설(不可說不可說)한 그렇게 많은 세계에 가서 자신의 지혜역량으로써 중생의 마음에 수순하여 모든 중생을 이익되게 합니다. 정토에 왕생한 이 사람은 가까운 장래에 깨달음의 도량(菩提道場)에 앉아 천마외도와 마군을 항복 받고 성불하게 될 것입니다. 그리하여 미묘한 법륜을 굴리면서, 미진수(微塵數)세계의 중생들이 보리심을 발하게 하고 중생의 근성에 따라 권교방편을 써서 그들을 교화할 것입니다. 이 사람은 또한 중생의 근성(根性)을 성숙시켜 기나긴 미래겁이 다 하도록 일체의 중생을 두루 이익되게 할 것입니다.

선(善)을 닦는 남자와 「보현행원품(普賢行願品)」을 수지하고 독송하는 모든 중생, 혹은 보현보살의 십대원(十大願)을 들은 이, 혹은 이 십대원을 믿고 마음에 받아들이며, 몸소 실천하고, 이를 독송하거나 암송하며, 더욱이 남들에게 설하는 사람들의 모든 공덕이 얼마나 크냐 하는 것은 오직 불세존만 아시고, 다른 보살이나 아라한들은 그의 공덕이 얼마나 되는지 알 수가 없습니다. 그러므로 그대들은 보현보살의 십대원왕을 듣거든 절대로 의심을 일으켜서는 안 됩니다. 소위 말하기를,

수도하는 이여, 마음에 의심을 두지 말라.
의심이 일어나면 곧 길을 헤매리라.
修道之人心莫疑　疑心若起便途迷

수행하는 사람은 부처님께서 말씀하신 가르침에 대하여 의심을 내어서는 안 됩니다. 만일 의혹심을 품게 되면 그릇된 길로 들기가 쉬우니

마땅히 실재적으로 불법을 받아들여서 이러한 도리를 수지(受持)해야 하며, 그런 후 이 십대원왕을 독송해야 합니다. 오래 독송하다 보면 외우게 되고, 외울 수 있으면 곧 십대원왕을 지켜나갈 수가 있으며, 혹은 사경을 하거나 항상 남들에게 이 십대원왕을 설할 수가 있을 것입니다.

이렇게 십대원왕을 지니며 수행하는 사람은 누구든지 일념이라는 짧은 시간에 온갖 수행의 원력과 공덕을 모두 성취할 수가 있습니다. 보현보살의 행을 닦는 사람이 얻게 되는 복은 무량무변으로 많이 쌓이며, 번뇌의 큰 고해 가운데서 모든 중생을 이고득락(離苦得樂)시키고, 모든 중생을 번뇌의 고해에서 건져내어 열반의 피안으로 도달하게 하며, 모두 아미타불의 극락세계에 왕생하게 합니다.

'아미타불'은 비록 네 글자에 지나지 않지만, 모든 불법을 그 속에 다 포함하고 있습니다. 석가모니 부처님께서 설하신 경전에는 모두 법을 청하는 사람이 있으나, 유독 이 『아미타경』은 법을 묻는 이가 없이 부처님 스스로 설하셨습니다. 어째서 아무도 법을 청하지 않았을까요? 왜냐하면 그 누구도 이러한 법을 이해하지 못했기 때문입니다. 정토법문은 표면상으론 매우 간단해 보이지만, 사실은 '아미타불' 네 글자 속에 삼장 십이부 경전이 포괄되어 있습니다. 나는 몇십 년 전에 염불에 대한 감상을 한 수의 게송으로 지은 적이 있습니다.

누구나 왕생할 수 있는 염불 법문

아미타불은 만법의 왕

오시 팔교 모두 이 속에 들어 있네.

수행인이 전심으로 이를 지송하면

반드시 상적광정토의 부동도량에 이르리라.

阿彌陀佛萬法王　五時八教盡含藏

行人但能專持誦　必至寂光不動場

'아미타불'은 비록 단 한 구절의 부처님 명호이지만, 그대가 부처님의
명호를 염할 수 있으면 일체법을 다 이해할 수가 있습니다. 그러므로
아미타불은 만법의 왕이라고 하는 것입니다.

　오시(五時)란 화엄시(華嚴時)·아함시(阿含時)·방등시(方等時)·반야
시(般若時)·법화열반시(法華涅槃時)이며, 팔교(八教)란 장(藏)·통(通)·
별(別)·원(圓)·돈(頓)·점(漸)·비밀(秘密)·부정교(不正教)를 말합니다.

　이 오시 팔교는 모두 '아미타불'의 네 글자 가운데 들어 있으므로
수행자가 전심으로 '아미타불'의 명호를 지송하기만 하면, 반드시 상
적광정토의 부동도량에 도달할 수 있습니다.

　일반인은 오해하여, "염불은 나이든 노파나 할 일이요, 지혜 있는
사람이 닦을 게 못 된다."라고들 말하는데 이것은 잘못된 생각입니다.
'아미타불'을 염하는 이 법문은 지혜 있는 이도 닦을 수 있고, 어리석은
이도 닦을 수 있습니다. 이 법문은 삼근보피(三根普被), 즉 상근(上根)·
중근(中根)·하근(下根)의 세 가지 근기가 모두 닦아서 두루 가피를 얻

을 수가 있는 것입니다.

우리는 왜 아미타불을 염해야 하나요?

왜냐하면 사바세계의 중생은 관세음보살과 가장 인연이 있기 때문입니다. 관세음보살은 서른두 가지의 응신(應身)으로 모든 곳에 시현(示現)하십니다. 일체중생은 아미타불과 더욱 인연이 있는데, 이유는 아미타 부처님이 관세음보살의 스승이며, 극락세계의 교주이시기 때문입니다. 아미타 부처님께서는 성불하기 이전에 법장비구였습니다. 그는 인지(因地)의 수행 시기에 일찍이 48대원을 발하였으니, 각각의 원마다 모두 중생을 서방 극락세계로 접인하여 성불하게 하였습니다.

극락세계에 있는 것은 남자뿐으로, 모두 연꽃 가운데서 태어납니다. 극락세계에서 태어나는 이는 우선 연꽃의 태 속에 들게 됩니다. 우리가 염불을 하면 극락세계의 연꽃의 꽃술은 조금씩 자라나게 되고, 염불을 많이 하면 할수록 연꽃은 더욱 커지며 차바퀴만 한 크기가 되면 임종 시에 아미타 부처님께서 친히 우리를 극락세계로 맞으러 오십니다. 우리의 신령한 성품(靈性)이 연화의 꽃술 가운데에 깃들고 연꽃이 피면 법신이 나타나게 됩니다. 이른바, '연꽃이 피면 부처님을 뵙는다(花開見佛).'고 하는데, 연화가 피면 한 사람의 부처가 나는 것입니다.

극락세계는 이곳에서 십만억 불토나 떨어져 있으며, 극락세계의 사람은 모두가 연화에 화생하므로, 따라서 말하기를 "서방 정토에 왕생하여 구품의 연화를 부모로 삼게 되기를 원합니다(願生西方淨土中 九品蓮花爲父母)"라고 하는 것입니다.

어느 중생이든 '아미타불'을 염하면 서방 극락세계에 가서 날 수 있습니다. 아미타 부처님께서는 일찍이 발원하시기를, "내가 부처가 되었을 때에, 만일 시방의 중생 가운데 나의 명호를 부르는 이가 있으면 모두 나의 나라에 태어나고 연화 화생하며, 무상의 정등정각을 얻게 되리라."라고 하셨습니다. 그러므로 사바세계에서 만일 어떤 이가 아미타불을 염하면, 임종 시에 아미타 부처님께서 이 사람을 서방 극락세계로 접인하여 주실 것입니다.

시방삼세 부처님 가운데
아미타불이 제일이시네.
구품으로 중생을 제도하니
위덕이 다함 없어라.
十方三世佛　阿彌陀第一
九品度衆生　威德無窮極

장차 말법 시대가 오면 불법은 없어지고 일체의 경전은 모두 소멸하게 됩니다. 왜냐하면 중생은 복보(福報)가 없고 죄업이 너무 깊어서 경전을 볼 기회가 없기 때문입니다. 먼 장래를 말할 필요도 없이, 현재 어떤 이들은 눈에 병이 없음에도 불구하고 경전의 글자를 보면 분명하게 보이지 않는 장애가 있는데, 이것도 업장입니다. 이것은 말법 시대와 마찬가지로 눈이 있으면서 불법을 분명하게 보지 못하는 것입니다.

말법 시대에는 일체의 경전이 모두 사라질 것입니다. 최초로 사라지는 것은 『능엄경』이고, 다른 기타 경전이 뒤를 따라 소멸하게 되며, 최후로 멸하는 것이 『아미타경』입니다. 이 『아미타경』은 다른 경전보다 일백 년간을 세상에 더 남아서 많은 중생을 제도하게 됩니다. 그 후 일정 기간이 지나면, 『아미타경』도 소멸하고 오직 '나무아미타불'의 여섯 글자, 즉 육자홍명(六字洪名)만이 세상에 남아서 일백 년 동안 수많은 중생을 제도할 것입니다. 여기서 다시 일정 기간이 흘러 지나가면, 오직 '아미타불'이라고 하는 사자홍명(四字洪名)만이 세상에 남아, 일백 년 동안에 다시금 수없는 중생을 제도하게 됩니다. 최후에는 '아미타불'의 사자홍명마저도 사라져 그때가 오면 불법은 완전히 단멸하고 말 것입니다.

석가모니 부처님께서 아무도 묻는 사람이 없음에도 불구하고 스스로 이 『아미타경』을 설하신 것은 이 경이 너무나도 중요하기 때문입니다. 불법을 배우는 우리들은 이러한 법문을 만났으니 가벼이 생각하지 말아야 합니다.

참선을 하는 이는 '염불하는 이가 누구인가[念佛是誰]?'를 참구하는데, 우리는 과거에 모두 염불을 했던 적이 있어서 비로소 '염불하는 이가 누구인가?'를 참구할 줄 아는 것입니다. 만약 염불을 한 적이 없는데 '염불하는 이가 누구인가?'를 참구한다면, 염불을 한 적도 없는데 누가 염불을 한다는 말입니까?

따라서 '염불하는 이가 누구인가?'라는 화두로 살펴보면, 우리 모

누구나 왕생할 수 있는 염불 법문

두는 과거생 가운데에 염불을 한 적이 있다는 사실을 알 수 있습니다. 단지 어떤 이는 염불을 많이 하고, 어떤 이는 적게 하고, 어떤 이는 성심껏 하고 어떤 이는 대충대충 했다는 사실만 다를 뿐입니다. 우리는 마땅히 열심히 '나무아미타불'을 염하여 극락세계에 왕생해야 할 것입니다. 극락세계는 많은 고통은 없고 오직 온갖 즐거움만 있는 곳입니다.

염불하는 사람이 바로 부처이다

그대가 부처님을 염하면 부처님도 그대를 염하여
마음과 마음이 모두 부처로서 오래되면 부처를 이루게 된다.

많은 사람들이 염불 법문을 아직 잘 알지 못하는 까닭에 염불을 아주 건성으로 하니 수행도 제대로 되지 않습니다. 참선이 바로 염불이요, 염불도 곧 참선으로서 참선을 할 수 있는 사람이 비로소 염불을 잘할 수 있으며, 염불을 할 수 있는 사람이 비로소 참선을 잘할 수가 있습니다.

참선을 하는 사람이 종종 즉심시불(卽心是佛: 우리의 마음이 바로 부처라는 도리)을 깨칠 수 없을 뿐만 아니라 자기조차도 놓치고, 더욱이 부처님조차도 잃어버리는 경우가 있는데, 그 이유는 수행하는 이가 '염불하는 이가 누구인가?'를 찾고 있기 때문입니다.

염불을 하는 사람이 바로 부처이며, 마음과 마음이 모두 부처님만을 생각하고 있기에 오래되면 부처로 변합니다. 그러나 참선을 하는 이는 아직 '바로 부처'라고 말할 수는 없습니다. 왜냐하면 참선은 부처를 찾는 것이기 때문에 아직 자신이 부처라는 사실을 감히 받아들일 수 없으며, '염불하는 이가 누구인가?'를 참구하면서 이리저리 밖으로 찾아다니기 때문입니다.

부처를 염하면 곧 부처님이 자신의 마음 가운데 돌아오므로, 밖을 향해 찾을 필요가 없습니다. 염불을 하는 것은 부처님과 하나가 되는 것이므로 반드시 서방 극락에 왕생하게 됩니다. 그대가 부처님을 염하고, 부처님이 그대를 염하면 마침내는 부처를 이루게 됩니다.

여러분들은 이것을 연구하지 않기에 염불의 좋은 점을 알지 못합니다. 참선도 좋지만, 참선을 하려면 고통을 견뎌야만 합니다. 첫 번째는 다리의 통증을 참아야 하고, 두 번째는 항시 스스로 망상을 일으키지 않는지 점검해야 합니다. 참선은 비교적 어려우며 염불은 비교적 쉽다고 할 수 있습니다. 여러분들은 정말로 염불의 묘한 점을 알지 못합니다.

내가 여러분들에게 참된 말을 하고자 하는데, 내가 가장 좋아하는 것은 바로 '나무아미타불'을 염하는 것입니다. 나는 잘 때에도 '나무아미타불'을 염하고, 꿈속에서도 '나무아미타불'을 염하고, 서 있을 때에도 '나무아미타불'을 염합니다. 어느 때든지, 전후좌우 모두가 아미타불이 점하고 있습니다. 왜냐하면 아미타 부처님은 나와 하나가 되려고 하기 때문입니다.

평소에 염불해야 편안한 죽음을 맞이한다

|

사람은 왜 평소 염불해야 하나요?
바로 임종 시에 염불하는 것을 잊지 않기 위함입니다.

만약 그대가 '임종 때에만 염불을 하며, 선한 마음을 내야지'라고 생각
한다면, 그것은 그렇게 쉽게 되는 것이 아닙니다. 사람이 임종을 맞을
때는 체온의 따뜻함〔暖〕, 호흡〔息〕, 생각하는 식(識)이 차례로 끊어지는
때입니다. 난(暖), 식(息), 식(識)의 세 가지가 모여서 목숨의 근본〔命根〕
을 이루게 되는데, 사람이 죽는다는 것은 바로 목숨의 근본이 끊어지
는 것입니다. 목숨의 근본이 끊어질 때는 먼저 따뜻한 기운이 사라지
고, 그다음은 호흡이 사라지며, 마지막으로 식(識)이 떠나갑니다. 이 세
가지가 모두 끊어지면 목숨이 다하는 것입니다.

소위, "새도 죽음이 가까우면 그 우는 소리가 애처롭고, 사람도 죽음이 가까우면 그 말이 선하다(鳥之將死, 其鳴也哀, 人之將死, 其言也善)." 라고 하듯이 사람이 죽음을 앞에 두면, 자신의 일생을 돌아보고 좋은 일을 했다고 생각하거나 혹은 잘못을 범했다고 생각하는 등 반성을 하게 됩니다. 이때에는 자신의 잘못에 대해 진정으로 잘못되었음을 알게 되는 것입니다. 왜냐하면 진정으로 자신의 잘못에 눈을 뜨고 나면 참회의 마음이 우러나오기 때문입니다. 일단 참회심이 일어나면, 가령 그가 한 분의 부처님 명호를 듣거나, 혹은 한 분의 보살 명호, 혹은 한 분의 벽지불 명호를 듣기만 해도 한량없는 죄를 소멸시키고 무량한 선근을 심을 수가 있습니다. 따라서 임종 시는 가장 중요한 때이기도 하지만, 동시에 선한 마음을 발하기 가장 어려운 시기이기도 합니다.

우리는 왜 평소에 염불을 해야 하나요? 바로 임종 시에 염불하는 것을 잊지 않도록 준비하기 위함입니다. 평소부터 염불하면 임종 때도 잊지 않기 때문입니다. 반면 그대가 '임종할 때 가서 염불해야지, 선한 마음을 내어야지'라고 생각한다면 그것은 정말로 쉽지가 않습니다. 그러나 만일 선한 마음이 진정으로 우러난다면 매우 효과가 있습니다. 단지 일념의 참회로 모든 죄업을 다 소멸시킬 수가 있습니다.

염불, 극락으로의 초대

2

1972년 염불정진법회 법문

서방 극락이
그대의 집

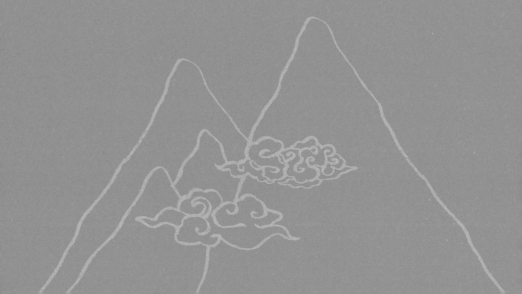

＊　입으로 부르고 마음으로 염하여
일념을 이루어라 ＊

|

그대가 성심으로 염하면
돈도 들이지 않고 힘도 들지 않고
곧 무량한 수명과 무량한 광명을 얻을 수 있습니다.

대법왕이신 아미타 부처님과 보살님이
친히 맞이하여 서방으로 데려가시네.
아침저녁 오롯한 정성으로 부처님 명호 지니고
시시각각 부처님을 관상하고 잘 사량하면
마음은 일심불란하여 삼매를 이루고
만물은 모두 공하여 연꽃나라(극락)에 들리라.
문득 무생법인 깨닫고 부처의 몸 나타나니
묘각의 과위를 저절로 감당할 수 있네.

서방 극락이 그대의 집

阿彌陀佛大法王　菩薩親接往西方
朝夜持名專誠念　時刻觀想善思量
一心不亂成三昧　萬物皆空入蓮邦
頓悟無生佛身現　妙覺果位自承當

이 여덟 구(句)는 대법왕이신 아미타 부처님을 찬탄하고 있습니다.

● 아미타불대법왕(阿彌陀佛大法王): 범어 '아미타'는 중문으로 번역하면 무량광(無量光), 무량수(無量壽)라는 뜻입니다. 무량수란 복덕이 무량하다는 말이고, 무량광이란 지혜가 무량하다는 말입니다.

아미타 부처님께서는 원만한 복덕과 원만한 지혜를 모두 얻으셨습니다. 부처님께서는 자비희사(慈悲喜捨)를 구족하시고 이기적이지 않으므로, 자기가 복덕과 지혜를 얻은 것처럼 모든 중생에게도 복덕과 지혜를 얻게 하려고 하십니다. 그러므로 큰 원을 발하면서 말씀하시기를 "모든 중생이 염불을 하면 성불할 수 있다."라고 하셨습니다. 이 '아미타불'의 네 자는 불가사의하므로 불법 가운데의 대법왕이라고 칭합니다.

　'아미타불'을 염할 수 있는 사람은 크나큰 선근을 지닌 이로서, 누구나 다 염할 수 있는 것이 아닙니다. 오직 그대가 성의를 갖고 염불하면, 돈도 들이지 않고 힘도 들지 않고 무량수와 무량광을 얻을 수가 있습니다. 어떤 이는 말하기를, "이것이 어찌 그렇게 좋은 것이 아닌가?"

염불, 극락으로의 초대

라고 하는데 여기에는 이유가 있습니다.

- 보살친접왕서방(菩薩親接往西方): 임종 시에 보살님은 친히 우리를 서방 극락세계로 영접하십니다.

당초 아미타 부처님께서 수행을 할 무렵, 여러 가지 법문을 모두 닦고 천신만고의 고생을 겪었음에도 성공을 거두지 못하였는데, 그리하여 48대원을 발하여 중생이 아미타불의 이름을 부르기만 하면, 반드시 아미타불의 나라에 왕생하여 성불을 하고, 만일 그럴 수가 없다면 아미타 부처님도 부처가 되지 않겠노라고 발원하셨습니다. 그러므로 만약 우리가 발원하여 염불을 하면 그 생각은 마치 레이더의 전파처럼 되어 아미타불의 국토에 전달됩니다. 그러면 보살님은 친히 우리를 맞아 서방으로 데려가십니다.

- 조야지명전성념(朝夜持名專誠念): '아침저녁'은 '항상'을 말하고, 또한 동(動)과 정(靜)을 이르기도 합니다. 즉 움직일 때도 '나무아미타불'을 염하고, 고요히 있을 때도 '나무아미타불'을 염하며, '동(動)' 가운데서 염하여 '부동(不動)'에 이르고, '정(靜)' 가운데서 염하여 '부정(不靜)'에 이르면, 움직임도 아니고 고요함도 아닌(非動非靜) 경지에 이릅니다. 이러한 경계가 되면 비로소 감응이 있게 되며, 이것은 아미타 부처님께 친 전보가 이미 통했다는 것을 증명하는 것입니다.

이렇게 아침부터 밤까지 전심으로 염불을 하여 걸어도 걷는 줄을 모르고, 잘 때는 자는 줄을 모르고, 배가 고픈지도 목이 마른지도, 추위도 더위도 모르게 되면, 사람도 공하고 법도 공함을 깨달아, 아미타 부처님과 하나가 됩니다. 아미타불이 곧 나요, 나는 곧 아미타불로서 둘은 나눌 수가 없으므로 이름하여 '오롯한 정성〔專誠〕'이라 합니다. 이는 바로 어떠한 잡념도 없이 세속의 일〔世事〕에 끄달리지 않고 시간과 세월이 지나가는지도 모르는 사이, 묘한 경지에 이르게 되는 것입니다.

어떤 이는 또 말하기를, "그렇다면, 이것은 어리석은 사람이 되어버리는 것이 아닌가?"라고 하는데, 실제로 나는 그대를 양성하여 어리석은 사람이 되기를 원하는 바입니다. 이른바, "수행하여 크게 우둔해야 바야흐로 기교를 보이고, 배워서 어리석은 듯이 되어야 비로소 기이함을 볼 수 있다〔養成大拙方爲巧, 學到如愚始見奇〕."라고 하는 것입니다.

공자도 다음과 같이 말했습니다. "하루 종일 안회와 함께 이야기를 해도 거스르지 않음이 어리석은 이와 같아 보인다. 그러나 나와 함께 있지 않을 때, 그의 언행을 보면 내가 계발될 정도의 것도 있다. 안회도 어리석지 않은 것이다〔吾與回言終日, 不違如愚. 退而省其私, 亦足以發, 回也不愚〕."

이야기가 이곳에 이르니, 내 젊었을 때의 일이 떠오릅니다. 내가 젊었을 때, 공부하는 것이 아주 우둔하여 책을 몇 번이나 읽어도 외울 수가

염불, 극락으로의 초대

없었습니다. 간신히 외워서 선생님 앞에 가면, 또 막혀서 외울 수가 없는 것이었습니다.

후에 갑자기 머리가 좋아져서 한번 눈을 스치면서 보아도 다 외울 수가 있었으며, 동급생이 5일 걸려서 할 공부를 한 시간 안에 해치울 수가 있게 되어 우쭐하고 교만한 마음이 생겨났습니다.

그 당시 선생님은 내게 말하기를, "너같이 머리가 나쁘던 애가 이렇게 똑똑해질 줄은 미처 몰랐다. 마치 안회 같구나."라고 하셨습니다. 이 말을 들은 나는 두려워지기 시작했습니다. 안회처럼 단명하고 싶지 않아 자만심을 버리고 결코 남을 질투하지 않으리라 마음먹었습니다. 그리고 모두가 나보다 잘되고 능력이 있으면, 나는 기뻐하기를 바랐습니다. 그래서 스스로를 '얼간이'라고 명명하였습니다.

- 시각관상선사량(時刻觀想善思量): 항상 아미타 부처님의 상호와 광명을 관상하는 것이 느슨해지지 않아야 합니다.
- 일심불란성삼매(一心不亂成三昧): 항상 아미타 부처님의 뛰어난 경계를 생각하고 세속 잡무에 마음을 뺏기지 않고 일심불란하면 곧 선정에 들게 됩니다.
- 만물개공입련방(萬物皆空入蓮邦): 어떠한 걱정거리나 번민도 사라지고 극락정토에 들어감을 말합니다.
- 돈오무생불신현(頓悟無生佛身現): 무생법인을 돈오하면 또한 이것은 자기의 본래면목을 알 수 있습니다.

- 묘각과위자승당(妙覺果位自承當): '묘각(妙覺)'은 곧 부처로서 부처의 과위를 얻는다는 말이며, 그대가 부처가 되고 싶다고 바로 부처가 되는 것은 아니고, 마땅히 노력에 의지하여 닦아서 부처의 과위를 이루는 것입니다.

염불하여 일심불란에 이르게 되면, 만물이 모두 공하게 되고 모든 것을 내려놓을 수 있으며, 청정하고 자재함을 얻게 됩니다. 그런 까닭에 염불 법문의 묘함은 말로는 다 표현할 수가 없는 것입니다. 염불 공부가 힘을 얻게 되면 입이 마르지 않고, 도리어 언제나 감로수를 마시고 있는 것처럼 느껴집니다.

그러나 이것에 집착해서는 안 됩니다. 집착하면 탐하는 욕심이 생겨서 감로수를 마시고 싶어집니다. 탐하는 마음이 생기면 좋은 경계도 사라지고 맙니다. 어떨 땐 염불을 하다가 빛을 보거나, 부처님을 보거나, 연꽃을 보는 등등의 경계를 보게 되는데, 이러한 경계에 탐착하지 않아야 할 것입니다. 만일 탐착하여 환희심이 일어나면 이러한 경계도 나타나지 않게 됩니다.

오늘은 법회의 첫째 날이니, 따라서 앞으로 염불이 일심불란하여 좋은 경계를 얻을 기회는 아직 많이 남아 있습니다. 그러나 게으르거나 아직 시간이 남았다고 생각하고 천천히 하자고 기다려서도 안 됩니다. 이러한 것은 안 됩니다.

염불, 극락으로의 초대

반드시 시시각각으로 염불에 주의를 집중하고, 쓸데없이 시간을 허비하지 말고, 입으로 부르고 마음으로 염하는 것이 하나가 되도록 염불해야 할 것입니다.

저녁 시간에 '대회향(大回向)'을 할 때, 더욱 성의를 갖고 참가하여 이 7일 염불정진법회 기간 중에 여러분이 성과를 얻기 바랍니다. 그렇지 않고 헛되이 시간만 보내면 너무나도 애석하고 유감스럽지 않겠습니까?

오염된 인연을 놓아 버리면
곧 불연이다

|

업장이 깊고 무거운 사람이 만약 성심으로 염불하면
또한 왕생할 수 있습니다.

부는 바람 잔잔한 물 모두가 다 마하의 불법을 연설하고
뭇 새들 다 같이 아름다운 음성으로 노래하네.
바른 믿음, 바른 원을 갖춰 바르게 수행하는 이여,
시방 일체의 불법승 삼보를 염하는 노래를 부르네.
정진하여 세 가지의 불퇴를 원만히 이루니,
선(禪)의 경지는 높아지고 구품 연대에 속히 오르네.
아미타불, 자비로운 아버님을 친히 뵈오니
육친을 상봉한 듯 그 기쁨이 어떠하겠는가!

風動水靜演摩訶　　衆鳥共鳴雅音奢

正信正願正行者　　念佛念法念僧歌

精進圓成三不退　　禪那高登九品多

親見彌陀慈悲父　　骨肉重逢樂如何

- 풍동수정연마하(風動水靜演摩訶): 극락세계에서는 부는 바람도, 잔 잔한 물도 모두가 대승법을 선양하고 있다는 말입니다.
- 중조공명아음사(衆鳥共鳴雅音奢): 백학, 공작, 가릉빈가, 공명지조 등의 새도 가세하여, 우아하게 불법을 선양하되 소란스럽지는 않습니다.
- 정신정원정행자(正信正願正行者): 바른 믿음, 바른 행이 가장 중요하 며, 바르지 못한 신심이나 삿된 생각이 있어서는 아니 됨을 말하고 있습니다. 신(神)이나 괴물을 보거나, 혹은 작은 신통은 모두 소용이 없습니다.
- 염불염법염승가(念佛念法念僧歌): 시방의 일체 부처님, 시방의 일체 법, 시방의 일체 스님네를 염하여 수승한 경지를 얻어서 염불삼매 에 들어가면, 그때에는 모든 소리가 아미타 부처님의 노랫소리로 들리게 됩니다.
- 정진원성삼불퇴(精進圓成三不退): 정진하여 세 가지 불퇴를 원만하 게 성취함을 뜻합니다. 세 가지 불퇴는 다음과 같습니다.

(1) 염불퇴(念不退) - 보리심을 발하고 보살도를 행하고자 하는 생각

에서 물러나지 않음.

(2) 위불퇴(位不退) – 정념(正念)에서 물러나지 않으면, 과위(果位)에서 도 물러나지 않음.

(3) 행불퇴(行不退) – 육도만행을 닦으며 영원히 정진하여 물러나지 않음.

- 선나고등구품다(禪那高登九品多): 선과 정토를 함께 닦으면 곧 성스러운 과위를 증득할 수 있고, 속히 구품의 극락세계〔蓮邦〕에 오를 수 있습니다.
- 친견미타자비부(親見彌陀慈悲父): 아미타 부처님은 우리 중생들의 가장 자비로운 아버지로서 우리들이 기꺼이 그분의 이름을 부르기만 하면, 우리의 업장을 소멸시키고 대업왕생 하도록 해 주십니다.
- 골육중봉락여하(骨肉重逢樂如何): 때가 되어 자비로운 아버지를 뵈오니 육친을 상봉한 듯이 그러한 기쁨은 말로 다할 수 없는 것입니다.

한 저명한 과학자가 예언하기를, 내년(1973년) 1월 4일 샌프란시스코에 대지진이 있을 것이라고 합니다. 오늘 저녁 우리는 이 문제에 대해서 토론해 봅시다.

상인(上人): "과지(果地), 너는 어떻게 생각하느냐?"
과지(果地): "저는 원래 목사였는데 상인께 귀의한 후로부터, 불교에

염불, 극락으로의 초대

의해서만이 생사를 끝낼 수가 있으며 정각(正覺)을 증득할 수 있다는 사실을 진정으로 깨닫게 되었습니다. 그래서 저는 선정을 즐겨 닦고 좋은 경지를 많이 보았습니다."

상인: "너의 법명은 과지(果地)이니 전문적으로 땅을 관리해야 할 터인데, 네 생각엔 지진이 일어날 것 같은가?"

과지는 한참을 무릎을 꿇은 채로 있다가 말을 이었습니다. "만일 지진이 사람들을 깨우치게 할 수 있다면 그것도 괜찮습니다."

어느 비구니 스님이 말했습니다. "우리는 당연히 지진이 일어나지 않기를 원합니다."

1968년, 샌프란시스코에 지진이 일어날 것이라는 소문이 나돌 때도 많은 부자들이 이사를 갔었는데 그 당시 나는 확실히 말했습니다. "지진은 없을 것이다. 내가 샌프란시스코에 있는 한, 지진이 발생하는 것을 허락지 않겠다."라고 말입니다.

나는 지금 여러분에게 다시 말합니다. "이번에 거행하는 7일 염불 법회 기간 동안, 참가자 전원은 온 정성을 다해 염불에 전념하고 무사평안(無事平安)을 기도해야만 할 것입니다. 여러분들이 지극정성을 다한다면 곧 영험이 있을 것입니다. 세간의 모든 일은 정해진 바가 없고 모두 변화가 있게 마련이니, 이른바 '흉함을 만나면 길한 일로 바뀌고, 재난을 만나면 상서로움으로 변한다(逢凶化吉, 遇難呈祥).'는 것이 바로 이것입니다."

어떤 이는 말하기를 "올해 샌프란시스코가 특별히 추운 걸로 봐서, 내년 초에 일어날 대지진의 징조이다."라고 하는데 나는 특히 추운 것은 지반을 굳혀서 지진이 일어나지 않을 것이라고 봅니다. 또 어떤 이는 "중생의 업장이 매우 지중해서 정해진 업(定業)은 피하기 어려우니, 이번 재난은 아마도 면할 수 없을 것이다."라고 하는데 나는 그렇게 보지 않습니다. 비록 정업은 피하기 어려울지라도, 삼매가지력(三昧加持力)은 능히 화탕지옥을 연못으로 바꿀 수 있는 것입니다.

이 세상의 모든 것은 일정치가 않고 전변(轉變)할 수가 있습니다. 일례로 우리는 업장이 깊어서 원래는 서방 정토에 왕생할 자격이 없지만, 만일 우리가 정성을 다해 염불한다면 왕생할 수도 있는 것입니다. 한편 염불하지 않으면 본래는 왕생할 것도 도리어 왕생할 수 없게 변하고 맙니다. 그렇기에 "일체법은 모두 정해진 바 없고, 오직 마음이 짓는 것이다(一切法皆無定法, 唯心所造)."라고 말하는 것입니다.

여러분이 고생한 지도 벌써 3일이 다 되어가니, 마땅히 더욱 보리심을 발하여, 어떤 난관이나 고생도 두려워하지 말고 추위와 더위도 겁내지 말며, 용맹정진하여 극락세계에 도달할 수 있도록 최선을 다하기 바랍니다.

다시 또 하나의 기쁜 소식이 있습니다. 올해 처음으로 온 거사에게 7일 염불법회에 참가한 소감을 물었더니, "거의 생각이 정지되었습니다."라는 답이 돌아왔습니다. 이는 매우 얻기 어려운 것으로서, 그는

염불, 극락으로의 초대

반드시 좋은 이익을 얻게 될 것입니다. 신참자도 이런저런 생각을 하지 않을 만큼 염불을 할 수 있었으니, 그대들 기존의 재가 신도와 출가 수행자는 더욱 일체의 망상을 멈추게 해야 할 것이며, "오염된 인연을 놓아 버리면 곧 불연이다〔放下染緣卽佛緣〕."라는 말을 꼭 명심해 주기 바랍니다.

송이송이 노을빛이
캘리포니아주를 비추네

|

정성을 다하여 앞으로 나아가서
세 가지의 불퇴를 실행하고, 공동으로 노력하여
염불이 삼천 대천세계에 충만하도록 해야 할 것입니다.

청색, 황색, 적색, 백색 미묘한 연꽃의
송이송이 노을빛이 미국 캘리포니아주를 비추네.
우리 모두 진실한 정성 다해 성스러운 불호 염하면,
부처님께서 친히 보살인 우리를 접인하시네.
7일 만에 부처님의 마정수기를 받고
백겁에 쌓인 업장 모두 녹아 없어지네.
간절히 원하노니 여러 현자들은 더욱 노력하라.
서방 극락이 바로 그대의 집이로다.

염불, 극락으로의 초대

青黃赤白妙蓮花　朶朶霞光照美加
我輩眞誠念聖號　佛陀接引菩提薩
七日摩頂授佛記　百劫業障盡消化
切望諸賢更努力　西方極樂是君家

- 청황적백묘련화(靑黃赤白妙蓮花): 서방 극락세계의 연화는 청, 황, 적, 백색의 빛을 발합니다. 우리들이 저마다 염불을 하면 각기 한 송이 연꽃이 나타나는데, 크게 발심하면 큰 연꽃이 나타나고 작게 발심하면 작은 연꽃이 나타납니다. 이 연꽃은 각자의 심량(心量)에 따라 크기도 작기도 하며 갖가지 색깔의 묘한 빛을 발합니다.

- 타타하광조미가(朶朶霞光照美加): 지금 이곳에 이렇게 많은 이들이 염불을 하러 모였으니, 이곳 법당은 칠보와 같은 미묘한 광명으로 가득 차 휘황찬란하고 장엄한 극락세계가 된 듯합니다. 동시에 이러한 노을빛은 비단 캘리포니아주(加州)만 비추는 것이 아니라, 미국 전역을 비추고 있습니다.

- 아배진성념성호(我輩眞誠念聖號): 우리 모두 성심성의로 만덕홍명(萬德洪名)인 아미타불의 명호를 염하는 것은 단지 우리 자신의 이익을 위해서만이 아니라, 사실상 전 세계에 진정한 평화가 깃들고 재난과 전쟁이 없기를 기도하는 것입니다.

- 불타접인보리살(佛陀接引菩提薩): 따라서 비록 염불을 하고 있지만, 또한 대비심을 발하는 것이며, 보살도를 행하는 것입니다. 만일 이

렇게만 성심껏 염불할 수 있다면 아미타 부처님께서 반드시 그대를 친히 맞이할 것입니다.

- 칠일마정수불기(七日摩頂授佛記): 장차 극락세계에 왕생하면, 아미타 부처님께서 친히 그대에게 마정수기를 주실 것입니다.

- 백겁업장역소제(百劫業障亦消除): 어떤 이는 말하기를 "나는 벌써 부처님 명호를 아주 많이 염했는데, 어째서 아직도 업장을 소멸하지 못하고, 깨달음도 얻지 못합니까?"라고 합니다. 그대는 자신에게 얼마나 많은 업장이 있는지 어떻게 압니까? 무시이래로 쌓아 온 천만억겁 동안의 업장을 어떻게 하루아침에 다 소멸시킬 수 있겠습니까? 그러니 느슨하게 하지 말고 최대한의 정성을 기울여야 할 것입니다. 마치 물이 얼어 있어도 햇빛을 쬐면 점점 녹는 것과 같습니다. 그러나 업장이 북극의 빙하처럼 매우 지중하거나 혹은 염불이 성의가 없으면, 햇빛을 쬐여도 좀처럼 녹지 않는 법입니다.

- 절망제현갱노력(切望諸賢更努力): 현자(賢者)인 여러분들이 성의를 갖고 정성을 다하여 앞으로 나아가 세 가지의 불퇴를 실행하며, 모두 공동으로 노력하여 부처님의 명호를 염하는 것이 삼천 대천세계에 가득 차서 모든 천마외도가 두려워 달아나고, 모든 병마와 번뇌가 부처님의 가피에 의해 소멸할 수 있도록 해야 할 것입니다.

그렇게만 되면 청정하고 자재함을 얻어 자신의 극락세계에 돌아가게 되고, 다시는 유랑아처럼 동으로 서로 방랑하며 자기의 집을 잊어버리는 일이 없을 것입니다. 어떤 이는 말하기를 "나는 집을 잊은

적이 없어요. 집은 어느 곳에 있는지 압니다."라고 하는데, 이 오탁
악세의 집은 영원한 것이 아니요, 언제든 무너질 수 있는 것입니다.

- 서방극락시군가(西方極樂是君家): 그대의 진정하고 영원한 집은 바로 극락세계입니다.

이렇게 설법하는 것도 간단한 일은 아닙니다. 내가 이야기를 하면 여러분은 오히려 망상을 일으키기 때문입니다. 지금 몇 사람은 이런 망상을 짓습니다. '내가 염불하는 것이 성심이라는 사실을 스님께서 정말로 인정해 주실까?'

내 지금 그대에게 답하겠습니다. "그대가 성심인지의 여부는 스스로에게 묻는 편이 훨씬 나으며, 하필 스승에게 물을 필요가 뭐가 있는가?" 내 이전부터 항상 말해왔지만, 나는 여기 수시로 레이더 탐지기를 켜놓고 있어서 그대들이 무슨 망상을 피우건 확실히 포착합니다. 그런 까닭에 여러분의 일거일동을 나는 모두 알 수가 있는 것입니다.

일례로 과속(果速: 제자 이름)은 막 이곳에 왔을 때, 망상이 매우 많았는데 내가 그 사실을 알까 봐 나를 만나는 것을 아주 두려워했습니다. 그래서 할 수 없이 그에게 요리하는 일을 맡겨 대중이 먹을 음식을 만들라고 시킨 것입니다. 이것이 바로 그의 인과(如是因如是果: 이와 같은 원인이 있어, 이와 같은 결과를 얻음)입니다.

『금강보리해(金剛菩提海)』라는 잡지의 제4권에 "천마나망감옥(天魔羅網監獄)"이라는 글이 있는데 그대들은 아마 본 적이 있을 것입니

다. 나는 지금 여러분에게 믿기 어려운 이야기를 하나 하려고 합니다.

홍콩에 있는 나의 출가제자에 관한 이야기인데, 처음에 그는 마음이 늘 불안정하여 나는 그에게 선정을 닦도록 권한 바가 있었습니다. 그는 나의 말대로 수행하여 점점 선정 삼매력을 얻었으며, 아울러 2년 내에 『능엄경』을 외우고, 3년 내에는 『묘법연화경』을 외울 수가 있게 되었습니다.

이렇게 어언 12년의 세월이 흘러, 그는 마침내 1개월 후면 깨달음을 얻게 되리라는 사실을 알게 되었습니다. 그런데 이 짧은 1개월 안에 그는 괴상한 병에 걸렸고, 아울러 세 마왕이 자신을 괴롭히고 있다는 사실을 알아차렸습니다. 그래서 장거리 전화로 내게 홍콩으로 돌아와 줄 것을 요청했는데, 나는 굳이 몇백 위안의 비행기 표를 낭비할 필요가 뭐가 있겠는가 생각하고, 이곳 법당에서 제자들과 함께 그가 하루속히 완쾌하기를 바라며 회향하였습니다.

과연 얼마 안 가서 그의 괴상한 병은 곧 좋아지고, 우리의 나망감옥(羅網監獄)에는 세 명의 홍콩 마왕이 더 늘어나게 되었습니다. 이와 같은 일은 그대들이 믿어도 좋고 믿지 않아도 좋습니다. 나는 단지 강의하는 김에 여러분에게 들려주는 말이니, 믿고 안 믿고는 여러분의 판단에 맡기겠습니다.

지금부터 망념(妄念)을 버리고 염불삼매를 얻을 수 있도록 일심으로 염불을 합시다. 어떤 경계(境界)를 보았을 때는, 그것이 무엇인지 이해

염불, 극락으로의 초대

하면 자기 스스로 알고 있으면 될 것이고, 만약 그 경계를 알 수 없을 때는 오후 2시부터 5시 사이에 나에게 물으러 와도 됩니다. 나도 바쁜 까닭에 다른 시간은 답하지 않기로 하겠습니다.

무엇이 그렇게 바쁜가 하면 이 세상의 모든 변화를 보는 것이 바쁘고, 이것 또한 재미있는 일입니다. 모두들 확실히 기억해 주기 바랍니다. 1973년 1월 4일에는 지진이 일어나지 않는다는 사실을.

서방 극락이 그대의 집

|

어느 곳에 어떤 사람이 성심으로
아미타불의 명호를 염하면,
그곳은 곧 극락세계의 일부분이 됩니다.

냉장고 속처럼 이렇게 추운 곳에서 염불하기도 이제 벌써 사흘이나 지났습니다.

첫째 날, 어떤 이는 생각하기를, "춥고 배는 고프지. 이것 정말 못 참겠군!"이라고 했을 것입니다. 어째서 추우냐 하면 난방이 없기 때문이며, 어째서 배가 고픈가 하면 매일 한 끼만 먹고, 게다가 앉거나 혹은 서서 계속 염불을 해야 하기 때문입니다. '아미타불'을 염하면 염할수록 배는 더욱 고프고, 더욱 추워지니 정말로 견딜 수가 없을 것입니다. 그러나 견디기 힘들어도 이미 이틀이나 견뎌냈으며, 도망치려고 해도 주위 사람들이 '기개가 없고, 희망이 없다'고 비웃을까 봐 그것이 두려운 것입니다.

　이제 벌써 사흘째로 접어들었으니, 그렇게 괴롭다고 느끼지는 않으리라 믿습니다. 조금 배고파도 그리 중요한 문제가 아니고 조금 추워도 무방하며, 이 모든 것들은 다 그대의 의지를 시험하는 것입니다. 달아나지 않고 이곳에 남아 염불을 많이 하면 선근이 자라나게 될 것입니다. 여기까지 이야기하다 보니 과오(果悟)가 쓴 시 한 수가 떠오릅니다.

　　말없이 홀로 누각에 기대어 보니, 흰 꽃의 파도여!
　　솟구치는 물결에 갈매기 놀라 달아나누나.
　　물이 파도를 이루더니, 파도는 다시 물이 되네.
　　속세의 인연을 쉬고 근본을 돌이켜 본래 모습으로
　　돌아가니, 유유자적하구나.
　　無言獨自憑樓 白花濤
　　澎湃波浪警海鷗
　　水成波 波復水
　　染緣休 返本還原任優遊

그녀(果悟)가 집에 있을 때, 일이 없어 일을 찾아 지은 시입니다. 그녀가 말하기를, 말없이 선정에 든 듯이 대해의 파도를 바라보았으며, 이때에 흰 꽃 같은 파도가 거세게 밀려와 부서짐에 갈매기가 놀라서 달아나는 것이었습니다.

- 수성파(水成波): 이것은 번뇌가 있으면, 자성(自性)의 물에 파도가 일어남을 비유합니다.
- 파부수(波復水): 이는 곧 번뇌가 아무리 크다 해도 깨달음(菩提)으로 바뀔 수가 있음을 뜻합니다.

염연휴(染緣休)란, 세간법을 모두 놓으면 반본환원(反本還元)하여 자신의 본래면목을 볼 수가 있어 어떤 일이건 자재롭게 된다는 말입니다. 지금은 아직 반본환원하지 못했으므로, 성의를 갖고 염불하여 일심불란의 경지까지 이르면, 염불삼매를 얻어 뜻대로 유유자적하게 될 것입니다.

옛말에 이르기를 "추운 겨울이 되어서야, 소나무와 잣나무는 시들지 않음을 알게 된다(歲寒然後知松栢之後凋也)."라는 말이 있습니다. 샌프란시스코에는 여태껏 이렇게 추운(화씨 영하 20도) 날이 없었기에, 모두들 난방이 있는 집에 틀어박혀 나가려고 하지 않습니다. 우리도 외출하지 않고 있지요. 그러나 차가운 공기에 소나무와 잣나무가 시들지 않듯이, 우리들의 금강(金剛)같이 견고한 마음도 (추위에) 시들지 않을 것입니다.

　여러분 중에는 부유한 가정에서 자라난 이가 상당수인데 편안한 생활을 누리려고 가지 않고, 스스로 원하여 이곳에 와서 염불하고 수행하며 괴로움을 달게 받고 있으니, 이것은 정말로 얻기 어려운 일입니다. 이것도 또한 여러분의 정성스러운 마음이니, 아미타 부처님도 감동되어 반드시 여러분에게 가피를 내리고, 장차 임종 시에 극락세계로 맞이하여 왕생하게 해주실 것입니다.

아미타 부처님께서는 이미 샌프란시스코에서 금강정(金剛定)에 들어 지반을 더욱 견고하게 해 주셨으며, 우리도 금강정에 들어 샌프란시스코를 금강의 땅으로 만들어야 할 것입니다.

어젯밤 나는 "지진이 일어나지 않을 것이다."가 아닌, "지진이 일어나는 것을 용납하지 않을 것이다."라고 말했습니다. 누가 지진을 용납하지 않느냐 하면, 아미타 부처님께서 지진을 용납하지 않는 것입니다. 아미타불의 세계는 극락이므로 어느 곳에서 성심으로 아미타불의 명호를 부르면, 그곳은 극락의 일부가 됩니다. 만일 믿지 못하겠거든 내년 1월 4일이 되면 증명이 될 것입니다!

붉은 연꽃이
온 땅에 피어나다

|

누구든지 염불을 하면 사람마다 한 송이 연꽃이 생겨
장래 꽃이 피면 부처님을 친견하고
무생법인을 깨닫게 됩니다.

이렇게 추운 날씨에도 불구하고, 이곳에 와서 열심히 염불을 하니 여러분의 정성이 갸륵합니다. 정성이 없이는 할 수 없는 일입니다. 오늘 설법의 게송은 다음과 같습니다.

차가운 바위에 눈이 흩날려 하늘 가득 하얗고
이 날에 붉은 연꽃이 온 땅에 피었구나.
겹겹이 다함없는 부처님 광명이 비추고
생각 생각에 염불하는 소리 있어 법성을 일구네.

염불, 극락으로의 초대

손가락 튕기는 사이의 공부로 나의 원을 이루니
찰나 간에 숙세의 재앙은 녹아서 없어지네.
상적광정토의 땅은 청정하여 항시 즐겁고
대장부의 일을 다 해 마치니 가슴속 회포를 풀리라.

寒岩飛雪萬千百　紅蓮遍地此日開
重重無盡佛光照　念念有聲法性裁
彈指功成逐我願　刹那消融宿世災
寂光淸淨常快樂　丈夫事畢暢所懷

지금 이렇게 추운 날씨에 눈꽃은 하늘 가득 흩날리지만 이곳에는 도리어 붉은 연꽃이 피고 있는데, 이 연꽃은 세상의 작은 꽃과는 달리 큰 수레바퀴만 한 서방 정토의 연꽃과 같습니다. 누구든지 염불을 하면 자신의 연꽃이 나타나 장래에 꽃이 피면 부처님을 친견하고 무생법인을 깨닫게 됩니다. 시방의 제불은 모두 광명을 발하여 우리를 비추고 계시는데, 마치 신체검사를 할 때 엑스레이를 찍듯이 누구에게 무슨 결점이 있는지를 살핀 후 이민 수속을 밟아 우리를 서방으로 접인해 주시는 것과 같습니다.

　한번 부처님 명호를 부르면 성불의 종자가 한 알 더 불어나 우리들 미래의 법성(法性)의 밭에 심어집니다. 염불을 하는 것은 비료를 주는 것과 같아서 염불을 많이 하면 할수록, 정성을 많이 들이면 들일수록 장래의 연꽃은 더욱 크고 아름다워지며, 맺어지는 열매도 보다 알

차게 됩니다.

온 정성을 다해 염불을 하여 일심불란하게 되면 임종 시에 병이나 고통이 없고 마치 선정에 들듯 서방 정토의 자신이 가꾼 연꽃 가운데에 왕생하게 될 것입니다. 만일 염불하지 않으면 마치 물이나 비료가 없는 것처럼 자신의 연꽃은 그사이 말라서 시들게 될 것입니다. 가령 시시각각으로 염불에 정진할 수 있다면 손가락을 튕기는 것처럼 그렇게 짧은 순간에 소원대로 왕생할 수가 있으며, 동시에 숙세의 업장이 소멸되어 상적광정토(常寂光淨土)의 청정한 쾌락을 얻게 될 것이며, 이때야말로 가슴속에 품었던 대장부의 사업을 완성하였다고 할 수 있습니다.

7일 염불법회에 참가할 때 가장 중요한 것은 바로 잡념이 사라질 때까지 염불하는 것입니다. 이것은 마치 한 점 오점도 없는 깨끗하고 흰 눈과도 같으므로 따라서 말하기를 "차가운 바위에 눈이 흩날려〔寒嚴飛雪〕"라고 말하는 것입니다. 여기서 '차가운 바위'란 잡념을 비유하고, 흩날리는 눈이 녹는 것은 반본환원(反本還原)하는 것을 뜻하며, 자성이 청정하기 때문에 붉은 연꽃이 생기는 것입니다. 붉은 연꽃은 깨끗하여 때 묻지 않은 사람을 위하여 생기는 것이기 때문입니다.

다음의 비유는 염불 법문이 간단하면서도 쉽게 성취할 수 있음을 설하고 있는데, 비록 딱 맞는 비유는 아닐지 몰라도 그 의미를 알 수 있으면 무방합니다.

삼계 내에서 우리들 중생은 비유하자면 마치 대나무 안에 갇혀서 밖으로 나가려고 생각하는 벌레와 같은 것입니다. 염불 외에 기타 다른 법문을 닦는 것은 이 벌레가 대나무 마디를 하나씩 갉아 먹어서 모든 마디를 거쳐서 기어 나오는 길밖에 모르는 것과 같이 매우 힘들고 성가심을 면하지 못합니다. 선(禪)·율(律)·교(敎)·밀(密) 등의 가르침을 닦는 것은 모두 다 이러한 어려움이 있습니다.

선종(禪宗)을 닦으려면 좌선을 해야 하고, 또한 그릇된 길로 들어서기 쉽습니다.

율종(律宗)을 닦으려면 무수한 계율을 완전히 외워서 계율 조항을 엄격하게 지켜야 합니다.

교종(敎宗)을 닦으려면 방대한 교전을 읽고 경전의 가르침을 설하거나 혹은 종류별로 나누고 교상판석(敎相判釋)을 해야 하는데, 소위 "쉴 틈도 없이 이름과 상(相)을 나누는 일은 마치 바다의 모래알을 세듯, 헛되이 스스로를 지치게 하네(分別名相不知休, 如海算沙徒自困)."라고 하는 것입니다.

밀종(密宗)을 닦는 것은 더욱 수고로워서 하나하나의 단계를 밟고, 수행을 쌓아야만 비로소 과위를 증득할 수가 있습니다.

그런데 영리한 벌레가 한 마리 있어 단지 대나무 옆을 갉아서 하나의 구멍을 내면 바로 뚫고 나올 수가 있습니다. 대나무에는 너무나 많은 마디가 있어 마치 삼계처럼 뛰쳐나오기가 매우 힘든 것입니다. 옆을 갉아서 구멍을 내어 나오는 방법은 염불 법문의 횡초삼계(橫超三

界: 횡으로 삼계를 뛰어넘는 것)와 **대업왕생**(帶業往生: 업을 가진 채로 왕생하는 것)을 비유하고 있습니다. 여기서의 '업'이란 숙업(宿業)을 가리키며, 새로 짓는 업을 뜻함이 아닙니다. 만일 어떤 이가 대업왕생이 가능하다고 해서 악업을 제멋대로 많이 짓는다면, 이는 잘못인 줄 알면서 일부러 저지르는 행위이므로 죄는 더욱 무거워져 용서받기 어려운 것이니, 아무리 자비로운 아미타 부처님이라도 이 사람을 구할 법이 없습니다.

정말 이상한 일입니다! 어제저녁 선정에 들어 있을 때 어떤 사람이 지진에 관해서 나와 논쟁을 하러 왔었는데, 결국 그녀가 논쟁에 패하여 울음을 터트리고 말았습니다. 내가 "세 개의 태양이 서쪽에서 떠서 동쪽으로 지지 않는 다음에야 지진은 없을 것입니다."라고 하자, 그녀는 매우 슬퍼하며 돌아갔습니다. 그러나 그녀의 신통 또한 적지 않아서 잠시 후 세 개의 태양이 서쪽에서 떠서 동쪽으로 떨어져 지진이 막 발생하려고 하였습니다. 내가 "이 모든 것은 허깨비요, 참된 것이 아닙니다."라고 말하자, 그러한 헛된 경계는 곧 공으로 사라졌습니다.

　여러분 생각에는 이런 것들이 참된 경계로 여겨집니까, 아니면 거짓인 것 같습니까? 내가 여러분에게 말해 두겠는데, 이 모든 것은 거짓이요, 아미타불을 염하는 것만이 참된 것입니다. 가장 중요한 것은 염불로써 생사를 마치는 것이며, 하늘이 무너지고 땅이 갈라지더라도, 염불로써 일체 재난과 싸워 승리하는 이것이 가장 중요한 일입니다.

염불, 극락으로의 초대

거짓이 없으면 어떻게 진실이 드러날 수 있겠는가?

|

참됨과 거짓을 서로 비교해야
비로소 참된 것을 더욱 드러낼 수 있습니다.

시간이 쏜살같이 흘러 어느새 5일이 지났습니다. 여러분의 염불 공부
는 어떠한지요? 오늘 두 사람이 와서 질문을 던졌는데 무슨 질문인가
하면, 자기가 벌써 염불삼매에 든 것이 아닌가 하는 물음이었습니다. 염
불 법문은 공개적이므로 질문을 해서 모두 함께 연구할 수 있습니다.

불교의 규율에 의하면, 출가인이 법을 청할 때에는 반드시 법복을
입고 가사를 착용하여 삼배를 한 뒤 장궤합장을 해야 합니다. 재가자
도 만일 계율을 받았다면 같은 방식으로 하지만, 계를 받지 않은 이는
법복만 입어도 무방합니다. 그런 다음에 법회를 주관하는 스님이 설법

을 하고 묻는 질문에 답하도록 되어 있습니다.

오늘은 공교롭게도 내게 무슨 일이 생겨 그 자리에서 대답을 할 수가 없었습니다. 그래서 지금 질문을 해서 연구할 수 있으며, 만약 공개적으로 묻고 싶지 않으면, 내일 오후 2시 반에 다시 내게 오면 될 것이며, 그때에 대답하기로 하겠습니다.

어제저녁에 나는 여러분들에게 어떤 여자가 작은 신통을 써서 세 개의 태양을 서쪽에서 띄우고 동쪽으로 지게 하여 하마터면 지진을 발생시킬 뻔했다고 말했습니다. 어떤 이는 "나는 못 믿겠어."라고 하는데 내가 이미 여러분에게 그런 경계는 거짓이라 말하였으니 굳이 믿을 필요는 없습니다.

사실, 거짓이 없으면 어떻게 진실이 드러날 수 있겠습니까? 따라서 거짓과 진실을 서로 비교해야 비로소 더욱 진실을 드러낼 수 있습니다. 그러나 경계가 나타날 때에는 정말로 지진이 일어날 것 같아서 나 역시도 조금 두려웠습니다. 그 후 선정력으로 마침내 공으로 변화시킨 것입니다.

그러므로 여러분이 선(禪)을 닦을 때에 만약 마왕의 방해를 받게 되면, 반드시 여여부동(如如不動)해야 하며, 집착하여 두려워해서는 안 될 것입니다. 그렇게만 하면, 방해받지 않고 끝나게 될 것입니다. 한편 두려워하는 마음이 있으면 곧 마에 현혹되게 됩니다. 소위 "두려워하면 올바름을 얻지 못한다(有所恐懼, 卽不得其正)"라고 하는 것입니다.

내가 처음 샌프란시스코에 왔을 때에도, 한 차례 작은 지진을 겪었습니다. 그때 내가 "관세음보살님이 어째서 이 일을 돌보지 않으십니까?"라고 하자, 그 이후에는 지진이 일어나지 않았습니다.

이전에도 내가 여러분에게 말한 적이 있는데, 언젠가 아만심이 아주 강한 사람이 있었습니다. 그는 근본적으로 마에 씌어 사람을 보면 말하기를 자기는 하나님보다도 높고, 예수보다도 높고, 부처보다도 높으며, 그 무엇보다도 높다고 했습니다. 그에게도 작은 신통이 있어서 과거와 미래의 일을 알 수가 있고 또한 그의 예언은 곧잘 맞아서 많은 사람들이 그를 믿게 되었습니다. 그러나 불교도로서는 이러한 천마외도의 신통을 믿어서는 안 됩니다. 진짜로 일어난 지진이야말로 지진인 것이지, 예언은 모두 허망한 것이니 믿지 말아야 합니다.

염불하여 몸과 마음을 놓아 버려라

|

육근과 육진이 떨어져 나가고,

안으로 몸과 마음이 없어지고,

밖으로는 세계가 없어지며, 나조차도 없어져야 합니다.

오늘은 7일 염불법회의 여섯째 날입니다. 이 여섯째 날의 염불은 어떠합니까? 일심불란의 경지까지 왔습니까, 아니면 여전히 망상이 분주하게 일어납니까? 염불이 일심불란에 이르면, 걸을 때도 '아미타불', 앉을 때도 '아미타불', 머물 때도 '아미타불', 설 때에도 '아미타불', 행주좌와 모든 때에 언제나 '아미타불'을 염하게 됩니다.

염불하지 않으려고 생각해도 불가능하며, '나무아미타불'을 염하지 않으려고 생각해도 염불을 멈출 수가 없습니다. 이때가 되면 바람이 불어도 바람인 줄을 모르고, 비가 내려도 비인 줄을 알지 못합니다. 이른바

염불, 극락으로의 초대

바람도 통하지 않고, 비도 적시지 못하는 경지에 이르면, 이것을 '타성일편(打成一片)'이라고 부르며, 이것이 바로 염불삼매의 한 경계입니다.

몸과 마음이 모두 내려놓아질 때까지 염불하면 육근과 육진이 탈락(脫落)하고, 안으로는 신심(身心)이 없어지고 밖으로는 세계가 없어지며, '나'라고 하는 것조차도 없어지고 맙니다. 이것을 '몸과 마음을 내려놓는 것(心身放下)'이라고 말합니다.

무엇을 '육근과 육진이 떨어져 나감(根塵脫落)'이라고 할까요? 근(根)이란 안(眼)·이(耳)·비(鼻)·설(舌)·신(身)·의(意)라고 하는 육근(六根)을 말하고, 진(塵)이란 색(色)·성(聲)·향(香)·미(味)·촉(觸)·법(法)이라고 하는 육진(六塵)을 뜻합니다. 육근과 육진을 합하여 십이처(十二處)라 이름하며, 이에 육식(六識)을 더하면 십팔계(十八界)가 됩니다.

그대가 능히 "눈으로 형색을 보아도 안으로는 아무것도 없고, 귀로 세상사를 들어도 마음은 아무것도 알지 못하는" 경지에 이를 수가 있으면, 이것이 바로 육근청정(六根淸淨)으로서 안으로 육근이 청정하고, 바깥의 육진도 일어나지 않게 됩니다.

왜냐하면 육근이 있고 나서야 육진이 있게 되므로, 만약 육근이 청정하게 되면 육진은 자연히 없어지게 됩니다. 반면 육근이 청정하지 못하면 육진도 생겨나게 됩니다. 근진탈락(根塵脫落)이란 육근도, 육진도 사라지는 것입니다. 이때가 되면 심신도 모두 자재하게 됩니다.

몸의 자재함을 얻으면, 추위나 더위, 갈증, 배고픔을 두려워할 것도 없습니다. 음식이나 차고 따뜻함 등의 경계에 끌려가지 않는 것이 바로 몸의 자재함입니다. 마음의 자재함이란 단지 몸이 자재할 뿐만 아니라 마음속에서 한 생각도 생기지 않으며, 한 생각도 생하지 않으면 전체가 드러납니다. 그대가 일념도 생하지 않을 수 있으면, 전체의 대용(大用)이 나타나게 됩니다.

- 육근홀동피운차(六根忽動被雲遮): 육근이 조금이라도 움직이면 이것은 구름에 가리게 되는 것으로서 마치 태양이 허공중에 나타난 구름에 가리는 것과 같습니다. 태양은 바로 그대 자신이 본래로 갖춘 지혜를 말하며, 한번 가리게 되면 지혜는 나타나지 않게 되어 어리석게 변합니다. 그대가 일단 어리석어지면 제대로 사물을 분간할 수 없어, 법인지 법이 아닌지, 정법인지 삿된 법인지 분명히 알 수 없게 됩니다.
- 그대에게 진정한 지혜가 없고 택법안(擇法眼: 법을 간택하는 안목)이 없기 때문에 동서남북 여기저기 부딪히고, 사방팔방 가는 곳마다 가로막혀 결국에는 이 새장 밖으로 나갈 수가 없는 것입니다. 새장 속의 작은 새처럼, 위를 향해 날아도 아래를 향해 날아도 전후좌우를 향해 날아도 도저히 밖으로 나갈 방법이 없는 것과 같습니다. 우리 또한 법을 간택하는 안목이 없으면, 무엇이 옳고 무엇이 그른지 모르기 때문에 새장 속에 있는 작은 새처럼 아무리 날아다녀도 새장 밖으로 벗어날 수 없는 것과 같습니다.

주(酒), 색(色), 재(財), 기(氣)라고 하는 네 가지 벽은 마치 새장과 같습니다. 이 새장의 사면에 있는 벽이 그대를 가로막고 있는 것입니다.

(1) 주(酒): 술은 사람을 미혹시키고 사람을 취하게 합니다. 그러므로 흡연과 마약도 이 안에 포함됩니다.
(2) 색(色): 이는 일체의 아름다운 색을 말하며, 물질의 유혹, 미색(美色)의 유혹 등, 일체 모든 것들이 그대를 매료하여 이 새장 안에서 벗어나지 못하게 합니다.
(3) 재(財): 사람마다 모두 돈을 좋아합니다. 세계 각국의 사람들 모두 돈을 벌기 위하여 이 세상에서 바쁘기 짝이 없습니다. 재(財)란 곧 금전(金錢)을 뜻하며, 이 '전(錢)'자는 원래 다음과 같은 의미가 있습니다.

두 개의 창이 금을 놓고 다투니 살기등등하고
사람들마다 그것으로 인하여 말이 많네.
바르게 쓰는 자는 삼계를 뛰어넘고
쓸 줄을 모르면 업을 피하기 어려워라.
二戈爭金殺氣高　人人因它犯嘮叨
能善用者超三界　不會用者業難逃

또한 이런 게송도 있습니다.

그대에게 선한 일을 권할 때는

돈이 없다고 말하며, 있어도 없다 하나

재앙이 닥쳐 천만 냥을 써야 하면, 없어도 있네.

만약 그대와 착한 일을 상의하러 오면,

가면서 바쁘다 하고

하루아침에 목숨이 다하여 황천의 객이 되면,

바빠도 가야 하네.

勸君爲善曰無錢, 有也無

禍到臨頭用萬千, 無也有

若要與君談善事, 去也忙

一朝命盡喪黃泉, 忙也去

나에게 귀의한 제자 가운데 법명이 '과패(果沛)'라는 이가 있었습니다. 은행에 저금한 돈이 많이 있음에도 불구하고, 굉장한 구두쇠로서 언제나 돈이 없다고 하며, 아내조차도 맞이할 수 없다고 말했습니다. 그러나 나중에 맹장염이 걸려 수술을 해도 낫지 않고 불행하게도 죽고 말았습니다. 죽고 나니 아무것도 가져갈 수 없고 오직 자기가 지은 업장만 가지고 가니, 이 어찌 가련하지 않은가요? 그는 실로 어리석기 짝이 없습니다.

(4) 기(氣): 성냄(氣)은 가장 타파하기 어려운 것으로서 누구든 쉽게 화를 냅니다. 한마디 말이 귀에 거슬리면 곧 성미를 부리게 됩니다.

염불, 극락으로의 초대

어떤 때는 정말로 기가 막혀 죽을 노릇이면, "기가 차서 죽겠네!"라고 말하는 걸로 봐서 우리는 출가 수행자 역시도 성냄을 알 수 있습니다. 나는 늘 여러분에게 다음과 같은 게송을 들려주곤 합니다.

물고기는 물속에서 뛰어오르고
사람은 세상에서 소란스럽구나.
선한 덕을 베풀 줄 모르고
양심을 속이고 업을 지으니,
금과 은이 산처럼 쌓이되
죽어 눈 감으면 전부 놓아두고
빈손으로 염라대왕 만나니
상심하여 눈물을 떨구네.
魚在水中躍　人在世上鬧
不知爲善德　欺心把業造
金銀堆成山　閉眼全都掠
空手見閻君　傷淚掉

만일 법을 간택하는 안목(擇法眼)이 있다면 확실히 분별할 수 있을 것입니다. 지금 염불하여 바른길을 분별할 수 있는 법을 간택하는 안목을 얻어, 그른 길에 접어들어서 주(酒)·색(色)·재(財)·기(氣)에 미혹되지 않도록 해야 할 것입니다.

잘 염불하고
헛된 염불을 하지 말라

|

염불을 잘하는 자는 부처님이 앞에 나타날 것이며,

염불을 잘하지 못하는 자는 도리어 잡념이 분분할 것입니다.

『대집경(大集經)』에 이르기를, "말법 시대에는 억만 명이 수행하되 한 사람도 도를 얻기 어렵다. 오직 염불에 의해서만 생사를 건널 수 있다."라고 하신 것처럼 지금 말법 시기에 처하여, 염불 법문은 실로 가장 시기에 적합하고, 가장 보편적인 법문입니다.

소위 "세 가지 근기가 두루 가피를 얻고 이근과 둔근을 함께 거둔다."라고 말하는 것입니다. 세 근기란 상근기(上根), 중근기(中根), 하근기(下根)를 가리킵니다. 이근(利根)은 상근기이고, 이근도 아니고 둔근(鈍根)도 아닌 것은 중근기이며, 어리석은 이는 하근기입니다. 영리한 이도 어리석은 이도 염불할 수가 있습니다. 그러므로 다음과 같이 말합니다.

> 만약 사람이 늙어 앞날이 얼마 남지 않으면
> 염불하기 마침 좋고
> 만약 사람이 젊어 앞날이 창창하면
> 염불하기 더욱 좋으며
> 만약 사람이 병이 있으면
> 병은 고통임을 아니 바로 염불해야 하며
> 만약 사람이 병이 없으면
> 평안하고 즐거우니 더욱 염불해야 하네.
> 若人年老, 來日無多, 正好念佛
> 若人年少, 來日方長, 更好念佛
> 若人有病, 知病是苦, 正要念佛
> 若人無病, 平安快樂, 更應念佛

이러한 까닭으로 누구를 막론하고 모두 염불할 수 있습니다.

『아미타경』은 석가모니 부처님께서 아무도 묻는 이가 없음에도 불구하고 스스로 설하신 경전으로서 사람들에게 염불을 권하고 있습니다. 또한 『화엄경』 최후의 「보현행원품」도 사람들에게 염불을 권합니다.

염불은 나이든 할머니나 하는 일로 여기고 아무런 재미가 없다고 생각해서는 안 됩니다. 도대체 그대는 무슨 일을 해야 비로소 재미가 있다고 하겠습니까? 염불이 가장 중요하며, 반드시 생각을 떠나고, 일체의 망념과 잡념을 떠난 경지까지 염하지 않으면 안 됩니다. 이렇게 해야만 비로소 이익을 얻을 수 있으며 서방 극락에 왕생할 수가 있습니다.

말법 시대에 이르러 불법이 소멸할 즈음에 일체의 경전이 모두 저절로 소멸하게 되는데,『능엄경』이 가장 먼저 소멸하고『아미타경』은 가장 뒤에 소멸합니다. 그 후 1백 년이 다시 지나면『아미타경』의 경문마저도 사라지고, 오직 '나무아미타불'의 여섯 글자만 남게 됩니다. 그런 후 다시 1백 년이 지나면 '아미타불'의 네 글자만 남게 되지만, 여전히 수많은 중생을 건질 수가 있습니다. 여기서 또 일정한 시기가 지나가면, '아미타불'의 네 글자마저도 사라지고 세계는 곧 멸망하여 '공(空)'의 시기로 접어들 것입니다.

성(成)·주(住)·괴(壞)·공(空) 이후, 다른 하나의 세계가 다시 탄생하며 세계는 이러한 순환을 쉬지 않습니다. 사람의 일생에도 성·주·괴·공이 있습니다. 처음 20년은 성장기와 학습기이고, 그다음의 20년은 일을 하는 시기이며, 그 후의 20년은 무너지는 시기로서 백발이 생기고, 시력이 저하되며 치아도 흔들거리게 됩니다. 다시 20년이 지나면 슬프기 그지없습니다. 모든 게 다 공(空)으로 돌아갑니다!

인생을 집에 비유하면 입은 문이고, 눈은 창이며, 사지는 집의 네 기둥이며, 머리카락은 지붕 위의 풀과 같습니다. 이 집이 무너지면 다른 집으로 이사를 가고, 이 색신(色身)이 무너지면 다른 색신으로 몸을 바꾸게 됩니다. 집이 좋은 상태일 때에는 잘 보호할 줄 모르다가, 집이 무너질 때가 되면 초조해하고 서두르지만 이미 늦습니다.

그러므로 염불을 하여 '누가 나인가?'를 찾아야 할 것이며, 동시에 자기 법성(法性)의 밭에 씨를 심어 싹을 틔우고 열매를 맺게 해야만 할 것입니다. 보리(菩提)의 씨앗을 심는 것은 곧 염불하는 것이요, 보리의 싹을 틔우는 것은 곧 서방 극락에 있는 연꽃이 자라나는 것입니다. 보리의 열매는 곧 임종 시에 서방 극락에 왕생하여 꽃이 피면 부처님을 뵙는 것입니다.

첫 번째 7일 염불법회에서 이미 많은 이들이 이익을 얻었습니다. 감로수를 마신 이도 있고, 맥박이 정지했거나 호흡을 잊은 이도 있었습니다. 바깥의 호흡이 정지하면 내면의 호흡이 다시 살아나게 됩니다. 또한 어떤 이는 모든 망념을 정지할 수가 있었는데, 이는 모두 전일(專一)하게 염불하여 얻은 경안(輕安)의 경지입니다.

여러분은 두 번째 7일 염불법회를 더욱 소중히 하여 '쓸데없는 이야기를 하거나, 목이 마르지도 않은데 차를 마시러 가는 행동' 등을 삼가기를 바랍니다. 시간만 허비하고 이익을 얻지 못하면 정말로 애석하기 그지없는 노릇입니다. 성실하게 수행하고 보리심을 발하여 일 분이라도 헛되이 보내서는 안 될 것입니다.

만약 사람이 죽지 않으려면,

살아 있으면서 죽은 사람처럼 해야 합니다.

若要人不死　須裝活死人

불필요한 일에 관여하지 말고, 회광반조하여 자기 자신에게서 구해야 할 것이며, '들음을 돌이켜 자성을 듣는〔反聞聞自性〕' 것과 같이 항상 자기의 염불하는 소리가 분명한지, 맑은지를 살펴야 합니다. "염불을 잘하는 이는 앞에 부처님이 나타나시지만, 염불을 잘하지 못하는 이는 염불을 해도 오히려 잡념이 분분하네."라고 하듯이 이렇듯 큰 차이가 생깁니다. 그러므로 여러분들은 헛된 염불을 하지 말고, 잘 염불해 주기를 바랍니다.

염불 수행으로
피안에 이르다(1)

|

착실하게 염불하면서
요행을 바라서는 안 됩니다.

『불설아미타경(佛說阿彌陀經)』에 이르기를, "여기서 서방으로 십만 억
불국토를 지나가면 한 세계가 있으니 이름을 극락이라 하며, 그 불국
토에는 아미타불이라 부르는 부처님이 계시다〔從是西方過十萬億佛土,
有世界名曰極樂, 其土有佛號阿彌陀佛〕."라고 하였습니다. 아미타 부처님
께서는 시방 삼세 모든 부처님 가운데 제일가는 분으로 따라서 다음과
같이 말합니다.

시방 삼세 부처님 가운데

아미타 부처님 제일이시네.

十方三世佛 阿彌陀第一

아미타 부처님께서는 인지(因地)의 수행 시기에 갖가지 법문을 닦으셨는데, 무량무변하고 무수한 아승지겁이 다하도록 여전히 성불하지 못했습니다. 그때 아미타 부처님은 생각하기를, "수행이 이렇게 어렵고 쉽지 않으면, 미래의 사람들은 나처럼 큰 인내력을 갖고서 수행하지 못하고, 반드시 물러나 후회하는 마음을 내게 될 것이다."라고 하였습니다. 그리하여 그는 48대원(大願)을 발하였는데, 각각의 원력은 모두 조속히 중생을 섭수하여 불도를 이루게 하는 것이었습니다.

그 서원 가운데에는 "시방세계의 모든 중생이 나의 명호를 불렀음에도 불구하고 성불하지 못하는 사람이 있으면, 나도 부처가 되지 않겠다."라고 하는 서원이 있습니다. 그러므로 우리 모든 중생이 이러한 정토 법문을 만날 수 있는 것은 매우 큰 행운이라 말할 수 있습니다.

아미타 부처님께서는 십겁 이전에 이 편리하고 닦기 쉬운 법문을 우리에게 주시려 준비하셨던 것입니다. 우리가 단지 일심으로 '나무아미타불'을 염하기만 하면 장래에 공부가 성숙하고 기연(機緣)도 성숙해져, 우리들의 이 보신(報身)이 임종할 때 아미타불께서 당신의 서원대로 염불하는 모든 중생을 접인하여 극락세계에 왕생하게 하십니다. 이 얼마나 쉬운 법문입니까? 우리는 육신이 건강할 때에 이 불가사의한 법문을 닦아야만 합니다. 이 일을 소홀히 여겨서는 안 될 것입니다.

염불, 극락으로의 초대

『대집경(大集經)』에서는 "말법 시대에는 수억의 사람이 수행하여도 그 가운데 도를 얻는 사람은 한 사람도 드물 것이며, 오직 염불에 의해서만 생사를 건널 수 있다."라고 설하고 있습니다. 이 말은 천만의 사람이 수행하여도 그 가운데 한 사람도 수행에 성공하는 사람이 없을 것이며, 오직 염불의 이 법문을 닦아야만 비로소 피안에 도달할 수 있다는 뜻입니다.

그대가 부처님을 염하면, 부처님도 그대를 염합니다. 그리고 부처님이 그대를 염하면 그대가 또한 부처님을 염합니다. 이리하여 염하고 염하여 염함이 부처이며, 부처가 염함이 되어 일심불란의 경지를 얻게 되면, 이때 대업왕생도 가능하게 됩니다.

아미타 부처님께서 성불하기 이전에는 이러한 정토 법문이 없었기에 백천만 억 명이 수행하여도 그렇게 빨리 성불하는 이는 한 사람도 없었습니다. 부처가 되긴 되어도 시간이 매우 오래 걸렸습니다. 현재는 아미타불의 대원왕이 시방의 일체중생을 섭수하기 위해 이러한 큰 원을 발하셨기에, 우리 시방의 중생들은 빨리 성불할 수 있는 기회를 얻게 된 것입니다. 그러므로 우리는 절대로 자포자기하지 말고, 좋은 기회를 놓쳐서는 안 될 것입니다.

불법이 미국에 전해지기 전에는 어떤 사람이 비록 불교를 믿는다고는 말하지만, 근본적으로 무엇이 부처님인지, 무엇이 자기인지, 무엇이 중생인지를 알지 못했습니다. 그러니 부처님조차도 알지 못하는데 어떻게 7일 염불법회를 열 수 있겠습니까? 가장 최근에 7일 염불법회가 개최된 것은 6년 전의 일입니다.

이렇게 좋은 기회가 왔으니, 우리는 이 좋은 기회를 놓쳐버리지 않도록, 헛되이 보내지 않도록, 귀중한 시간을 낭비하지 않아야 할 것입니다. 시시각각 전일하게 일심으로 '나무아미타불'을 염하여 반드시 일심불란에 이르고, 만 가지 걱정이 모두 공한 경지까지 염불하여 아미타 부처님께서 친히 우리의 머리를 어루만져 주시고 무량한 광명을 놓아 우리를 무량수국(無量壽國)으로 맞이해 주실 때까지, 연꽃이 피어 부처님을 친견하는 그 날까지 염불을 하지 않으면 안 됩니다. 이러한 일은 자기 스스로 노력하여 착실하고 정직하게 염불에 매진해야지 그 어떤 요행을 얻으려고 바라서는 안 될 것입니다.

'요행을 얻는다'고 함은 어떤 것인가 하면, 즉 다음과 같습니다. "내가 먼저 '나무아미타불'을 염하지 않고, 다른 사람의 염불이 숙달하여 아미타 부처님이 상적광정토의 연화대 위에서 일어나시어 이 사람들의 머리를 어루만져 주시기를 기다린다. 이때를 기다려서 나도 한마디 '나무아미타불'을 불러 아미타불께서 나의 머리를 어루만져 주시기를 바라자."

이렇게 생각하지 말아야 할 것이며, 그대가 만일 이렇게 생각한다면 아미타불께서 그대의 마음을 아실 것입니다. 석가모니 부처님께서 "일체중생의 마음 가운데의 여러 가지 생각을 여래는 모두 알며 모두 본다(一切衆生若千種心, 如來悉知悉見)."라고 하신 이 말씀은 곧 모든 부처님을 대표하여 설하신 것으로서, 즉 시방의 일체 여래께서는 모두 그대의 마음을 알고 계신다는 것입니다. 염불도 제대로 안 하고서 요행이나 바라고 기교를 취하려고 하면, 이것은 일종의 허위의 마음이며, 진실한 마음이 아닙니다. 여러분들은 응당 진실한 마음을 내어 '나무아미타불'을 염해야만 합니다.

염불의 음성은 너무 높아도 안 되고, 너무 낮아도 안 됩니다. 만일 음성이 너무 높으면 자기의 기(氣)를 상하게 되고, 음성이 너무 낮으면 정신이 혼침해져서 쉽게 잠이 옵니다.

7일 염불법회의 수행에 있어서, 우리는 앉아 있을 때에는 소리를 입 밖으로 내지 않고 '나무아미타불'을 염하여 염불하는 생각이 언제나 끊어지지 않고 지속시킬 수가 있는데, 이것을 '금강념(金剛念)', 혹은 '실상염불(實相念佛)'이라 하며, 이것은 단정히 앉아서 실상을 염하는 것입니다.

그대가 '나무아미타불, 나무아미타불'을 염할 때, 이 일념은 곧 부처이며, 그대의 염두(생각)는 부처의 지혜를 갖추게 되고, 그대가 생각 생각마다 염불하면 생각 생각에 모두 부처의 지혜를 갖추게 됩니다. 한 생각 한 생각 헛되이 염불하지 말고, 아무렇게나 흘려보내지 말 것이며, 마음속으로 '나무아미타불'을 염하되 명료하게 염하고, 귀로 그대 자성의 소리를 분명히 들어야 합니다. 이런 것을 곧 '들음을 돌이켜 자성을 듣는다(返聞聞自性)'라고 하며, 즉 그대의 염불하는 자성을 들는 것을 말하며, 이것은 또한 '회광반조(廻光返照)'라고도 합니다.

그대가 염불하여, '안으로는 안이 있음을 알지 못하고, 밖으로는 밖이 있음을 알지 못하며[內不知有內, 外不知有外]', '안으로는 마음이 있는 줄을 모르고, 밖으로는 몸이 있는 것을 모르며, 멀리로는 사물이 있는 줄을 모르는[內不知有心, 外不知有身, 遠不知有物]' 경지에까지 이르면, 이때 그대는 아미타불의 대광명장과 합하여 하나가 되어 자신은 서방 극락세계에 나고 싶지 않다고 생각을 해도 그럴 수가 없는 것입니다.

이러한 경계에서는 물이 흐르는 것도 염불이고, 바람이 부는 것도 염불이며, 차와 비행기 소리도 염불로 들리고, 만사 만물이 유정이건 무정이건 간에, 소리가 있는 것이건 없는 것이건 모두가 '나무아미타불'을 염하고 있다는 사실을 알게 될 것입니다.

이때가 되면 그대는 이미 아미타불과 하나가 되었으므로 그대의 이러한 공부가 항상 유지되고, 늘 염불삼매 속에 들어 있으며, 나가지도 들어가지도, 바깥에 있지도 안에 있지도 않게 됩니다. 이때의 염불 공부가 바로 일심불란(一心不亂)을 얻은 경지입니다.

그렇지만 이것은 쉽게 얻을 수 있는 것은 아닙니다. 그대는 하루 고생하고, 이틀 고생하고, 사흘 고생하고, 나흘 고생하고, 닷새 고생하고, 엿새 고생하고, 이레 동안을 고생하여야 비로소 일심불란을 얻을 수 있는 것입니다. 만일 고생을 견딜 수 없으면, 일심불란을 얻을 수가 없습니다.

어떤 사람은 곧 이렇게 말할 것입니다.

염불, 극락으로의 초대

"스님, 당신은 글자도 제대로 알지 못하면서 어떻게 법사가 되었습니까? 경문에는 '혹은 하루, 이틀, 사흘, 나흘, 닷새, 엿새, 이레 동안을 한결같은 마음으로 흐트러지지 않으면 일심불란이다(若一日, 若二日, 若三日, 若四日, 若五日, 若六日, 若七日, 一心不亂)'라고 하였는데, 당신은 어째서 약(若)자를 모두 고(苦)자라고 읽으시나요?"라고 말하는 이가 있을지도 모릅니다.

이 약(若)자는 전일(專一)함을 말하는 것이 아니라 가설을 나타내는 한 조사로서, 가령 그대가 하루를, 가령 그대가 이틀을, 내지 가령 그대가 이레를, 이라는 식으로 비유를 나타낸 것입니다.

한편 이 고(苦)자는 실제로 이러한 고생을 견딘다는 말로써, 하루를 고생하고, 이틀을 고생하고, 내지 이레를 고생한다는 말입니다. 만일 그대가 7일간이나 고생을 해서 마음이 뒤로 물러나지 않는다면, 반드시 일심불란을 얻게 될 것입니다. 이는 결코 내가 이 글자를 읽지 못해 그러는 것이 아니라, 단지 그 뜻을 좀 변형시켰을 따름입니다.

다시 한 마디 덧붙이고 싶은 말이 있습니다. "고생을 하는 것은 고생을 끝내는 것이요, 복을 누리는 것은 복을 소멸시키는 것이다(受苦是了苦, 享福是消福)."라고 하는데, 고생을 할 때에 고생이라고 생각하지 않으면 고생스럽지 않게 됩니다. 이것은 결코 자기가 자신을 속이고 있는 것이 아닙니다. 고생스러운데 어째서 고생스럽지 않다고 말하느냐 하면, '고진감래(苦盡甘來)'라는 말이 있듯이, 고생이 지나가면 좋은 일이

도래하기 때문입니다.

우리는 이미 하루를 고생하였지만, 하루 정도 고생해 가지고는 아직 달콤한 일이 오지 않습니다. 그러나 고생을 많이 하게 되면 좋은 일이 나타나게 될 것입니다. 최소한 감로수를 마실 수가 있을 것입니다. 내가 다시 여러분이 믿지 않을 말을 하는데, 여러분들이 정성스러운 마음으로 염불을 하면 입안의 침이 달게 됩니다. 이 단맛은 꿀보다 더 달아서 감로수라 부르는 것입니다.

이때 그대는 마땅히 알아야 할 것입니다. 관세음보살이 그대의 염불 수행에 가피를 베푸셨다는 사실을. 그대가 매우 고생을 하는 것을 보고서 기운을 내도록 감로수를 마시게 해 주신 것입니다. 만일 여러분들 가운데 이러한 경계가 있다면, 바로 관세음보살이 그 사람에게 감로수를 마시게 해 주신 것입니다. 감로수를 마시게 되면 그대 법신의 혜명(慧命)을 관개하는 것이므로 그러한 노력은 반드시 헛되지 않게 될 것입니다. 그러므로 당신이 어떻게 열심히 공부하느냐에 따라 곧 그러한 이점을 얻게 될 것입니다.

그래서는 안 되는데, 여러분의 귀중한 시간을 낭비하고 여러분의 한 시간을 낭비하게 되어 미안하게 생각합니다. 7일 염불법회 기간 중에는 단지 염불 수행에만 전념해야 하고, 법문을 설하는 것은 적든 많든 별로 도움이 안 되기 때문입니다. 그러므로 '행하는 것이 도(道)'라고 하는 것입니다. 그대가 진실로 수행을 하면, 서방 극락세계는 비록 십만억 불토나 멀리 떨어져 있다고 하지만, 그렇게 멀리 있지 않습니다. 따라서 나는 말합니다.

십만 억 불국토는 본래로 멀지 않고
전일하게 염불하면 순식간에 연꽃 봉오리 속에 드네.
무량광 부처님께서 친히 수기를 주시니
그대 품계가 높으니 갸륵하고 갸륵하다.
十萬億土本非遙　專一彈指入蓮苞
無量光佛親授記　善哉善哉汝品高

나는 장래에 여러분이 상품 상생의 가장 높은 품계를 얻게 되기를 바
랍니다. 이것이 여러분들에 대한 나의 소원입니다.

서방 극락이 그대의 집

|

염불하는 것은 곧 마음을 염하는 것이며,

마음을 염하는 것은 부처님을 염하는 것입니다.

염불은 느리게도 급하게도 하지 말라.

정신을 집중하면 수보리 존자이네.

망상이 다할 때 부처님이 저절로 나타나시니

불 가운데 연꽃을 심어도 절대 의심하지 말라.

念佛勿緩亦勿急　集中精神須菩提

妄想盡時佛自現　火裏裁蓮切莫疑

우리들이 이곳에서 염불할 때에는 너무 느리거나 빠르지 않고 침착하고 온화하게 염불을 해야 합니다. 그러므로 "염불은 느리게도 급하게도 하지 말라[念佛勿緩亦勿急]"고 하는 것입니다. 느리면 해이해지기 쉽고, 빠르면 긴장하는 버릇이 생기니, 침착하고 온화하게 매우 자연스럽게 염해야 합니다.

- "정신을 집중하면 수보리 존자이네[集中精神須菩提].": 정신을 집중하여 망상을 하지 않도록 해야 합니다. 늘 망상을 일으키면 정신도 집중할 수 없습니다. 집중할 수 없으면 염불 효과도 적어지게 될 것입니다.

  무엇을 일러 '정신 집중'이라고 합니까? 이것은 바로 전일한 마음입니다. 오로지 염불의 일념만을 지니고, 다른 잡념을 갖지 않는 것입니다. 수보리란 어떤 의미인가 하면, 수보리 존자는 '해공제일(解空第一: 공을 이해하는 능력이 최고)'로서 일체의 상(相)에 집착하지 않습니다. 만일 그대가 염불에 매진해 아미타불께서 현신하여 이마를 어루만져 주시는 경지에 들어가면, 공부는 거의 다 해 마친 것입니다.

- "망상이 다할 때 부처님 나타나시니[妄想盡時佛自現]": 만일 부처님께서 현신하여 그대에게 마정(摩頂)수기를 주시기를 원한다면, 우선 망상부터 없애야 합니다. 망상이란 어떤 것인가요? 그대가 염불하면서 '아미타 부처님, 어느 때나 뵈올 수 있겠습니까? 언제 당신의 모습을 드러내시려는지요? 아미타 부처님, 언제 저의 이마를 어루

만져 주시고, 저에게 옷을 걸쳐 주실 것입니까? 아미타 부처님, 빨리 제게 광명을 비춰 주세요.'라고 생각하는 것은 모두 망상입니다.

그대에게 이러한 망상이 있으면, 원래 아미타불께서는 광명을 막 발하시려고 하셨는데 그대의 망상 때문에 광명을 발하시지 않게 됩니다. 원래 아미타불께서는 그대의 머리를 어루만져 주시고 그대에게 옷을 걸쳐 주시려고 하였는데, 이러한 망상 때문에 잠시 더 기다리시기로 하십니다. 그대가 부처님에게서 가피를 받고자 원하는 마음은 모두 망상이기 때문입니다.

'염불삼매'를 얻으려고 하면, 일심불란하게 염불하는 수밖에 없습니다. '일심불란'이란 망상 하나 없이 염불하는 것으로 마음이 깨끗하고 의념(意念)에 정을 얻은 것을 말합니다.

"마음이 청정하면 물에 달이 나타나고, 뜻이 고요하면 하늘에 구름이 없네(心淸水現月, 意定天無雲)."라는 구절과 같이 그대의 깨끗한 마음은 달을 비추는 물과 같은 것이지만, 더럽혀진 마음이 있으면 망상이 날뛰어 물에는 달빛도 비추고 들어갈 수 없습니다. 마음이 맑으면 물속의 티끌이 전부 다 바닥에 가라앉듯 망상은 있을 수가 없습니다. 또한 그대의 의념이 산란하지 않으면 마치 하늘에 구름 한 점 없는 것과도 같습니다. 그러기에 다음의 두 가지 옛 구절은 이와 같은 경지를 매우 잘 묘사하고 있습니다.

염불, 극락으로의 초대

천 개의 못의 물에 천 개의 달이 있고
만 리의 하늘에 구름 한 점 없네.

千潭有水千潭月　萬里無雲萬里天

영가(永嘉) 대사의 『증도가(證道歌)』에서도 분명히 말하고 있습니다.

하나의 달이 모든 물 가운데 두루 나타나고
모든 물 가운데의 달은 하나의 달이 거두네.
제불의 법신은 나의 성품 가운데에 들어오고
나의 마음은 모든 여래와 하나로 합쳐지네.

一月普現一切水　一切水月一月攝
諸佛法身入我性　我性同共如來合

이러한 경지는 모두 다 마음이 깨끗하고, 의념의 정(定)을 얻은 경지를 나타내고 있습니다. 애석하게도 지혜롭지 못한 사람은 염불을 하면 할수록 망상이 늘어납니다. 망상이 늘면 늘수록 더욱 염불을 하고 싶지 않게 됩니다. 이것은 마치 혼탁한 물에는 달빛이 비칠 수가 없는 것과도 같은 이치입니다.

　염불 법문은 또한 다음과 같이 한 알의 청정한 여의보주로 비유해 볼 수 있습니다. 다시금 옛사람의 말씀을 인용해 보겠습니다.

청정한 구슬을 탁한 물속에 던지면

탁한 물도 깨끗해지지 않을 수 없으며,

염불이 어지러운 마음 가운데 들어가면,

어지러운 마음도 부처를 이루지 않을 수 없네.

淸珠投於濁水　濁水不得不淸

念佛入於亂心　亂心不得不佛

- 청수투어탁수(淸珠投於濁水), 탁수부득불청(濁水不得不淸): 청정한 보배 구슬을 탁한 물속에 던지면 탁한 물은 반드시 맑아집니다.
- 염불입어란심(念佛入於亂心), 난심부득불불(亂心不得不佛): 우리들이 산란심으로 염불을 하더라도, 이 산란심 가운데에는 한 분의 부처님이 자리 잡게 됩니다. 그대가 한 번 소리 내어 부처님을 부르면, 이 산란심 가운데 부처님이 한 분 더 늘어나고, 두 번 염불하면 마음속에 부처님이 두 분 늘어납니다.

이러한 까닭으로 염불하는 것은 곧 마음을 염하는 것이며, 마음을 염하는 것은 즉 부처님을 염하는 것이 됩니다. 마음을 염하려 하면, 마음이 깨끗하지 않으면 안 되며, 부처님을 염하면 부처님이 나타나시는 것입니다. 그러므로 "망상이 다할 때 부처님이 나타나시네〔妄想盡時佛卽現〕"라고 말하는 것입니다. 그대의 망상이 사라지면 부처님께서 나타나십니다.

- "불 가운데 연꽃을 심어도 절대 의심하지 말라〔火裏栽蓮切莫疑〕.": 이 염불 법문은 본래 사람들이 믿으려고 하지 않았습니다. "어찌 그렇게 쉬운 일이 있을까? 염불하면 성불할 수 있다고 하는 것은 얼토당토않은 말이야."라고 말입니다. 왜냐하면 무슨 일이든지 한차례 수고를 겪어야만 비로소 성취하게 되는 법인데, 이 염불 법문은 오직 염불만 하면 될 뿐, 고생스럽지도 않고 돈도 들지 않으므로 너무나 쉬운 것이기 때문입니다.

이 법문은 너무나도 쉬운 까닭에 좀처럼 믿어지지 않는 것입니다. 따라서 부처님께서는 『아미타경』에서 무문자설(無問自說)하셨는데, 그 이유는 이 법문을 이해하는 이도 없었지만 믿는 이도 없었기 때문입니다. 이 법문은 불 가운데 한 떨기 연꽃이 피어나듯 그렇게 믿기 어려운 것입니다.

언뜻 보기에 이것은 불가능한 일이지만 그대는 의혹을 품어서는 안 됩니다. 반드시 해낼 수 있습니다! 반드시 성불할 수 있습니다! 만일 염불을 해서 성불할 수 없다면, 석가모니 부처님은 망어계(妄語戒)를 범한 것이 되고 맙니다. 나는 석가모니 부처님은 진어자(眞語者)요, 실어자(實語者)이며, 여어자(如語者)요, 불망어자(不妄語者)라는 것을 믿고 있습니다.

대각자이신 세존은 우리 범부 중생을 속이는 일을 하실 리 만무합니다. 만일 염불을 해도 성불할 수 없다면, 석가모니 부처님께서 무엇 때문에 『아미타경』을 설하셨겠습니까? 이 법문은 너무나도 중요하며, 특히 말법 시대에 있어 더욱더 중요한 까닭에 석가모니 부처님께서 무문자설하셨던 것입니다. 그러므로 "말법 시대의 중생은 오직 염불에 의해서만 생사를 건널 수 있다[未法衆生只有念佛才能得度]."라고 말하는 것입니다.

　　이러한 까닭에 우리는 신심을 발하여 염불할 것을 가슴 속 깊이 다짐해야 합니다. 진정한 믿음이 있으면 아미타 부처님께서 극락세계로 우리를 영접하여 성불시켜 주십니다. 이러한 믿음을 일으키고 나서 발원을 해야 합니다.

　　"나는 서방 극락세계에 왕생하기를 원합니다. 그렇게 되어야 비로소 나의 원을 이룰 수 있겠습니다." 만일 나의 원을 이룰 수 없다면, 나는 매일같이 이처럼 극락왕생을 계속하여 발원해야만 합니다. 또한 우리가 날마다 이처럼 극락왕생을 발원한다면 매일 정직하게 법에 의거하고, 가르침에 따른 수행을 해나가지 않으면 안 될 것입니다. 옛 분들은 이런 말씀을 남겨 주셨습니다.

　　　　수행하는 사람이여, 마음에 의심을 두지 말라.
　　　　만일 의심이 일어나면, 곧 길을 헤매리라.
　　　　修道之人心莫疑　疑心若起便迷途

우리들은 이 정토 법문을 깊이 믿고, 간절한 원을 발하여, 참되고 성실

염불, 극락으로의 초대

하게 수행해야만 합니다. 그래야만 비로소 성공이 찾아오는 것입니다.

> 말로 할 수 없음에도 지금 다시 말하는 것은
> 언어와 문자가 빼어나서 그런 게 아니라네.
> 그대들이 진정한 이익을 얻고자 한다면,
> 마음 마음, 생각 생각에 아미타불을 염하라.
> 不可說時今又設 語言文字非妙科
> 各位欲得眞受用 心心念念阿彌陀

옛사람은 또한 이렇게도 말했습니다. "세상은 본래 일이 없는데, 보통의 사람들이 스스로 근심 걱정을 하네[天下本無事, 庸人自擾之]." 이 세계의 중생은 모두가 전도되어 옳은 것을 그르다 하고, 그른 것을 옳다고 여기며 어리석은 까닭에 좀처럼 깨닫지 못합니다. 그러므로 아무 일이 없는 세상에 굳이 일을 찾아서 하려고 하는데, 우리 이 염불법회 역시도 그 가운데 하나입니다.

본래 7일 염불법회를 거행할 필요가 없지만, 우리는 자기 스스로 진지하게 수행할 수 없고 평소에 염불도 하지 않기 때문에 7일 염불법회를 개최하게 되었습니다. 그리고 모두가 함께 모여 다 같이 염불하면서 성취가 있기를 바라는 것입니다. 만일 그대가 염불을 잊지 않고 상응(相應)하는 경지를 얻은 상태라면, 이 7일 염불법회에 참가할 필요가 따로 없을 것입니다. 그러나 자기 스스로 수행할 수가 없고 상응하는 경지를 얻을 수 없는 까닭에 모두 함께 모여 서로 돕고 격려하면서 수행을 하는 것입니다.

어떻게 서로 돕는가 하면, 가령 내가 염불을 멈추어도 당신이 그곳에서 염불을 하고 있다고 합시다. 그러면 당신의 염불하는 소리를 듣고, 나는 다시 염불에 대한 생각을 이어 나갈 수 있습니다. 이것이 상대방으로부터 도움을 얻는 것입니다. 서로 격려한다는 것은, 당신은 내가 게으르지 않은 것을 보게 되고, 나는 또한 당신이 열심히 정진하는 것을 보고 비교하는 가운데 마땅히 스스로 노력하고 정진해야 함을 알게 되니, 이것이 바로 그것입니다.

본원력을 알고서
정법을 드날리다

|

모두가 불법을 배우면 사람마다 뒤떨어지지 말고
마땅히 앞을 향하여 달려가야 합니다.

이 7일 염불법회도 오늘로서 6일째로 접어들었으니, 곧 7일간의 염불
정진도 끝나려고 하는데, 우리의 수행은 어떻게 되어 가나요? 여러분은
회광반조하고 스스로 자신을 돌이켜 보기 바랍니다. 이 7일 염불법회
에서 자신은 성과가 있었습니까? 수행에 상응하는 바를 얻었습니까?

　만일 "유감스럽지만 나는 수행에 상응하는 경지도 얻지 못했으
며, 성과도 얻을 수 없었다."라고 하는 이가 있다 해도 걱정할 것은 없
습니다. 아직 오늘과 내일이라는 최후의 이틀이 남아 있으니 최후의
승리, 최후의 성취를 얻을 수 있도록 계속해서 수행에 매진해 주시기

바랍니다. 만일 그렇게 하더라도 수행에 상응함을 얻지 못하거나 이익을 얻지 못하였다면, 집으로 돌아가서 계속 염불하여 반드시 수용함을 얻고 좋은 점을 얻을 때까지 노력해야 할 것입니다. 그러면 아직 희망이 있는 것입니다. 단지 걱정인 것은 7일 염불법회가 끝나고 부처님을 잊어버리거나, 수행하는 것을 알지 못하는 것인데, 그렇게 된다면 정말로 애석하기 그지없습니다.

염불 법문은 과거 역대 조사 스님께서 이 법문에 대해 아주 상세히 말씀하셨으며, 『정토성현록(淨土聖賢錄)』을 보면 매우 많은 이들이 염불의 이익을 얻었음을 알 수가 있습니다. 현재 우리는 미국에 있지만, 모두들 불법을 배울 때에는 그 누구도 뒤떨어지지 말고 마땅히 앞을 향해 나아가야 할 것입니다. 이 나라(미국)가 필요로 하는 것은 정법이요, 말법이 아닙니다.

그런 까닭에 우리 개개인은 이러한 정법을 계승할 책임을 짊어지고 있으며, 이러한 책임이 다른 사람에게 있다고 생각지 말아야 합니다. 이 책임은 우리 자신에게 있다는 사실을 여러분들이 분명히 알아야 하며, "이 불법은 나 한 사람의 일이 아니라 모든 사람의 일이야."라는 식으로 밖으로 책임을 미루어서는 안 될 것입니다.

우리는 성공 여부에 관계없이 우리의 희망을 굳게 지니고서 모든 장소, 모든 지역, 각 가정에 불교를 보급하여 모든 사람들이 불법을 이해할 수 있도록 불교를 더욱 크게 드날려야 할 것입니다. 따라서 우리 개개인은 이것을 확실히 인식하여, 잠시라도 함부로 보내서는 안 된다는 사실을 명심해야만 합니다. 지금 이 나라(미국)에서는 불교가 막 시작된 시기이며, 시작부터 불교의 정법이 시작되었으므로 말법으로 변하면 안 될 것입니다.

그런 까닭에 여러분은 자신을 분명히 인식해야만 합니다. '자신은 누구인가'를 분명히 인식해야만 합니다. 자신은 극락세계의 불보살 가운데의 한 사람이며, 오백 나한(羅漢) 가운데의 한 사람이라고 인식해야 합니다. 나는 오백 나한 가운데의 한 사람, 극락세계의 불보살 가운데의 한 사람이므로 '내가 해야 할 일이 무엇인가?'를 분명히 인식하는 것입니다.

'나는 과거생에 어떤 서원을 세웠던가?'하고 자기 스스로 기억을 되살려야 합니다. 만일 생각이 나지 않으면, 좋은 꿈을 꾸어도 됩니다. 꿈속에서 불보살님들도 그대가 마땅히 해야 할 일을 가르쳐 주실 것입니다.

이곳(미국) 사람들은 모두 다 그대를 기다리고 있으며, 그대의 설법을 기다리고 있습니다. 왜냐하면 과거 몇천 년간 부처님을 뵌 적도, 불법을 들은 적도, 성인을 만난 적도 없었기 때문입니다. 지금이 바로 그 하나의 시작이니, 여러분 모두 분발하여 최선을 다해야 합니다.

여기까지 이야기를 하다 보니, 여러분에게 전하고 싶은 말이 있습니다.

금년에 참가한 사람은 작년보다 더 좋고
작년의 사람은 금년 들어 더 늙었네.

서방 극락이 그대의 집

사람이 늙으면 죽음이 가까우니 마땅히 염불해야 하며
사람이 건강할 때는 더욱 열심히 염불해야 하네.

今年人費去年好 去年人到今年老
人老將死當念佛 人好壯時更要好

좋아지려면 염불해야 합니다. 금년에 참가한 이들은 작년에 비해 다들
규율을 잘 지키는 편입니다. 작년에는 불법을 모르는 신참자들이 몇몇
있었는데, 남들이 정좌하려고 하면 차를 마시러 나간다거나, 혹은 남들
은 염불하려고 하는데 자기는 정좌하려고 하거나, 혹은 바깥에 담배를
피우러 나가기도 하였습니다. 금년에는 엊그제 담배를 피우는 사람이 하
나 왔었는데, 어제저녁에 한 시간 참가한 후 곧 돌아가 버렸습니다. 이러
한 까닭으로 금년의 참가자가 작년의 참가자보다 낫다고 하는 것입니다.

그러나 작년에 참가한 사람은 금년 들어 또 나이를 먹었으므로 "작
년의 사람은 금년 들어 더 늙었네〔去年人到今年老〕."라고 한 것입니다.
사람이 늙으면 어떻게 되느냐 하면 죽음이 더 가까워 온다는 것입니다.

"사람이 늙으면 죽음이 가까우니 마땅히 염불해야 하며〔人老將死
當念佛〕"라고 하듯이 마땅히 빨리 염불을 해야 합니다.

"사람이 건강할 때는 더욱 열심히 염불해야 하네〔人好壯時更要
好〕."라고 하듯이 사람이 이미 살기가 좋고 건강할 때 더욱 열심히 염불
하고 열심히 수행해야 합니다. 이것이 여러분에 대한 나의 바람입니다.

정토왕생을 구하려면
부지런히 염불하세

|

정토 법문은 힘은 적게 들여도 성취는 크므로
이치에도 계합하고 일체중생의 근기에도 계합합니다.

부처님께서는 성불하신 후 팔만사천법문을 설하셨는데, 각각의 법문마다 모두 중생에게 성불을 위한 수행을 가르치고 있습니다. 즉 먼저 보리심을 발하고, 그런 후에 갖가지 공덕을 닦고 보살도를 행해야 비로소 성불의 희망이 있는 것입니다. 그러나 이러한 중간 과정에서 얼마나 오랜 시간을 거쳐야 성불할 수 있을지는 알 수 없습니다. 따라서 팔만사천법문 가운데서 '정토 법문'이 생기게 된 것입니다.

'정토 법문'은 바로 전심으로 염불할 것을 권하는 법문인데, 이 법문은 누구에 의해 세워졌을까요?

이것은 당초 법장이라고 하는 비구가 마흔여덟 가지 큰 원을 발하였는데, 그 뜻은 장래에 그가 성불하였을 때에 그의 국토에는 어떤 고통도 없고 온갖 즐거움을 받을 수 있는 국토가 되기를 기원하였으며, 또한 어떤 세계이거나 혹은 어떤 별, 달, 혹은 다른 지구를 막론하고, 시방의 모든 중생이 만일 그의 명호를 칭념하면, 그는 반드시 그 중생을 그의 국토에 접인하여 연꽃에 화생하게 한 후, 마침내 성불할 수 있도록 발원하였습니다.

또한 가령 어떤 사람이나 혹은 다른 중생이 그의 명호를 염하여 성불하지 못한다면, 법장비구도 영원히 성불하지 않을 것이라고 발원하였습니다. 만일 그의 명호를 부르는 이가 있다면, 모두 다 반드시 그의 국토, 극락세계에 왕생할 수 있을 것입니다.

이런 까닭에 석가모니 부처님께서 설하신 이 정토 법문은 본래 아무도 묻는 이가 없이 당신 스스로 설하신 것입니다. 기타 다른 법문 혹은 경전은 모두 묻는 이가 있은 연후에야 비로소 부처님께서 설법을 하셨으나, 이 정토 법문은 묻는 이가 없는데도 석가모니 부처님께서 스스로 설하셨으니, 이를 일컬어 '무문자설(無問自說)'이라고 합니다. 왜 '무문자설'하셨을까요?

왜냐하면 이 법문은 불가사의하여 어떤 대비구나 아라한도 이 법문을 물을 정도의 지혜가 없었기 때문입니다. 따라서 석가모니 부처님께서는 기연이 성숙함을 보시고, 비록 법을 청하는 이가 없을지라도 스스로 이 법문을 설하신 것입니다. 이 법문은 일체중생의 근기에 매우 적합하고, 적은 노력을 들여 큰 성취를 얻을 수 있는 까닭에 이치에 도 근기에도 계합하는 법문입니다.

금산사의 7일 염불법회가 이러한 사실을 증명하고 있습니다. 7일 좌선법회[禪七]를 개최했을 때 참가자는 겨우 20여 명에 불과했으나, 현재는 30여 명에 달합니다. 그러므로 이것은 염불 법문이 모든 사람 의 근기에 상응한다는 것을 증명합니다. 그대가 염불을 하지 않으면 어쩔 수 없지만, 만일 염불을 하기만 한다면 아미타 부처님의 힘으로 그대는 극락세계로 갈 수 있습니다. 그러므로 이것은 가장 불가사의한 법문입니다.

서방 극락세계에 계시는 아미타 부처님과 우리들 염불하는 모든 중생 사이에는 마치 전화선과 같은 것이 있습니다. 우리들이 이곳에서 염불 을 하면 아미타불의 극락세계 전화가 울리면서 "사바세계에는 염불하 는 중생이 있어요!"라고 전달합니다. 아미타불의 전화는 어디에 설치 되어 있느냐 하면, 아미타불의 가는 털 속에 있습니다. 어느 털에든 모 두 전화가 있어, 이곳의 전화가 울리면 아미타불은 "헬로우!"라고 답하 고, 저곳의 전화가 울리면 아미타불은 "웨이('여보세요'에 해당하는 중국어)!" 라고 답하며, 다른 전화가 울리면 아미타불은 "Yes!"라고 답하고, 또 다 른 전화가 울리면 아미타불은 한국어로 "여보세요"라고 답합니다.

이렇게 아미타불은 헤아릴 수 없을 만큼의 전화기를 갖고 계십니 다. 그대가 전화를 걸지 않는다면 어쩔 수가 없지만, 일단 걸기만 하면 아미타 부처님께서는 반드시 그대가 염하는 이 '아미타불'의 음성을 들으십니다. 이것은 우스갯소리가 아니라 진짜로 그러합니다.

우리가 '아미타불'하고 한번 염하면, 아미타 부처님이 계시는 그곳에서도 한 번의 염불 소리를 듣게 되고, 우리가 열 번의 '나무아미타불'을 염하면, 아미타 부처님의 그곳에서는 열 번의 염불 소리를 듣게 됩니다. 그리하여 백 번, 천 번, 일만 번, 일억 번 염불을 계속하면 아미타 부처님께서는 "이 사람은 임종 시에 내가 반드시 맞이하리라."라고 기록을 해 두십니다. 즉, 그대의 일을 기억해 주시는 것입니다.
그리하여 임종 때에 그대의 몸에는 병고가 없고, 마음에는 탐하는 생각이 없으며, 생각도 전도되지 않고 어지럽지 않아서 마치 선정에 들듯이 임종을 맞게 됩니다. 아미타 부처님께서는 금대(金臺)를 손에 들고 오셔서, 그대를 서방 극락세계로 맞이하시니 그곳에서 연꽃에 화생하게 되고, 구품 연화가 그대의 부모가 되는 것입니다. 누구라도 이 법문을 닦으면, 그곳에 갈 수 있습니다.

어째서 우리는 죽음을 맞기 전부터, 혹은 아주 젊을 때부터 염불을 해야 하나요? 왜냐하면 우리들 수행은 바로 '임종의 일념'을 닦기 위한 것인데, 그대는 이 '임종의 일념'을 생각해 낼 수도 있지만, 어떤 때는 잊어버립니다. 임종 때 가장 중요한 것은 '나무아미타불'을 염하는 것이며, 그러면 반드시 극락세계에 왕생할 수 있습니다. 왜냐하면 아미

염불, 극락으로의 초대

타 부처님께서는 거짓말을 하시지 않는 까닭에, 반드시 우리를 서방 극락세계로 맞아 주시기 때문입니다.

그런데 "나무아미타불, 나무아미타불……." 하고 매일 염하지만, 그 의미는 무엇이지? 라고 하는 이가 있을지도 모릅니다. 이제 이 '나무아미타불'의 의미를 설명해 보기로 하겠습니다.

　"나무(南無)"는 범어로서 중문으로 번역하면, '귀명(歸命)하여 공경히 오체투지하다'라는 의미입니다. 귀(歸)란 귀의(歸依)를 말하고, 명(命)은 생명을 말합니다. 우리는 이 생명에 귀의하며, 공경스럽게 아미타 부처님 앞에 오체투지한다는 의미입니다.

　"아미타불(阿彌陀佛)"은 범어로서 중문으로 번역하면 무량수(無量壽)라는 뜻입니다. 아미타 부처님의 수명도 무량하고, 광명도 무량하며, 지혜도 무량하고, 신통도 무량하며, 모든 게 다 무량합니다. 그래서 무량수(無量壽), 무량광(無量光)이라고 말하는 것입니다. 무량수란 그 수명이 끝도 시작도 없는 것으로, 즉 언제 시작되었는지도 모르고 언제 끝나는지도 모르는 것을 뜻합니다. 그러나 『아미타경』에 의하면, 아미타 부처님은 부처가 되고 나서 이미 10대겁이 지났다고 합니다.

　10대겁은 매우 긴 시간이지만, 장래에 얼마나 긴 수명이 있느냐 하면 그것은 아직 모릅니다. 아미타 부처님에게는 무량한 수명이 있고, 무량한 광명이 있고, 무량한 신통, 무량한 변화, 무량한 지혜가 있으며, 모든 것이 한량이 없으므로 '아미타불'이라 부릅니다. 어느 중생이라도 아미타불의 명호를 부르면, 아미타 부처님은 극락세계로 접인하여 우리를 제자로 삼아 주십니다.

우리는 지금 누구나 관세음보살을 알고 있으며, 관세음보살은 아미타 부처님의 제자이며, 대세지보살도 그러합니다. 관세음보살과 대세지보살은 아미타 부처님을 좌우에서 보좌하므로 (세 분을 합하여) '서방삼성(西方三聖)'이라고 부릅니다. 관세음보살과 대세지보살은 이미 아미타 부처님의 호법이자 대표인 까닭에 아미타 부처님께서 중생을 접인하실 때, 관세음보살도 함께 오실 때도 있고 대세지보살이 함께 오실 때도 있습니다.

따라서 그대가 '관세음보살'을 염해도 서방 극락세계에 왕생할 수 있고, '대세지보살'을 염해도 서방 극락세계에 왕생할 수가 있습니다. 그리하여 서방삼성은 시방의 모든 중생을 극락세계로 맞아들여, 성불시키는 것입니다.

염불에는 비단 하나의 법문뿐만이 아닌 여러 가지 법문이 있습니다. 이 갖가지 법문 가운데 실상염불(實相念佛), 관상염불(觀想念佛), 관상염불(觀相念佛), 지명염불(持名念佛)이 있습니다.

'실상염불'이란 어떤 것일까요? 즉 우리들이 참선할 때에, '염불하는 이가 누구인가?'를 참구하는 것입니다. 이를 실상염불이라 말하고, 바로 이 '실상(實相)'을 찾는 것입니다. 실상은 상이 없으면서[無相] 또한 상이 아닌 것이 없습니다. 이 실상염불에 있어서, 한 사람의 부처님을 염하는 것은 곧 시방 삼세 모든 부처님을 염하는 것이며, 시방 삼세의 모든 부처님을 염하는 것도 모두 정토로 돌아갑니다. '나무아미타불'을 염하는 것과 같이, 한 분의 부처님을 염하는 것도 모든 부처님을 염하는 것이며, 모든 부처님을 염하는 것도 한 분의 부처님과 떨어지지 않습니다. 이것이 바로 실상염불입니다.

관상염불(觀想念佛)이란 부처님을 관상(觀想)하는 것을 말합니다.

아미타 부처님의 몸은 금색
그 상호 광명 무엇에도 비할 바 없어라.
백호가 선회하여 다섯 수미산을 에워싸고
푸른 눈은 맑고 맑아 사대해와 같이 크네.
광명 속에 무수한 수억의 화신불이 있으며,
화신(化身)의 보살 대중도 무변하구나.
뭇 중생을 건지는 사십팔 대원,
구품의 중생을 저 언덕에 오르게 하네.
阿彌陀佛身金色 相好光明無等倫
白毫宛轉五須彌 紺目澄清四大海
光中化佛無數億 化菩薩衆亦無邊
四十八願度衆生 九品含靈登彼岸

아미타 부처님의 몸은 금색이며, 그 상호 광명은 견줄 데가 없습니다.

백호가 선회하면 다섯 개의 수미산과 같이 그렇게 큰 산도 감싸고, 푸른 눈은 네 개의 대해처럼 넓디넓습니다. 아미타 부처님의 무량한 광명 가운데는 헤아릴 수 없이 많은 화신불과 화신의 보살이 있습니다. 이렇게 아미타불의 법신(法身)을 관상하는 것입니다.

관상염불(觀相念佛)이란, 바로 아미타 부처님의 상(相)을 보는 것입니다. 아미타불의 양미간의 백호상(白毫相)을 보고서, 이 백호가 선회하면 수미산과 같은 산을 다섯 개나 감쌀 수 있는 것을 관하며, 그렇게 아미타불의 상(相)을 관합니다.

또한 지명염불(持名念佛)이 있는데, 지명(持名)이라고 하는 것은 바로 항상 '나무아미타불'의 여섯 자 홍명(洪名)을 마음에 지니는 것으로서, 즉 항시 염한다는 말입니다. 지명염불에는 또한 '금강념(金剛念)'이라는 것이 있습니다. 이것은 마음속에서 '나무아미타불'을 염하면서 이 염불하는 마음의 소리를 분명히 듣는 것이며, 입으로도 명료하게 염하고, 귀로 분명히 듣는 이것이 바로 '금강지명염불(金剛持名念佛)'입니다.

그런데 가장 간단한 방법은 바로 '조석십념법(朝夕十念法)'입니다. 아침에 일어나서 용변을 마친 후, 얼굴을 씻고 이빨을 닦은 다음 합장하고 서쪽을 향해 '나무아미타불, 나무아미타불……'을 칭념하는 것입니다. 한 호흡의 숨이 다할 때까지 칭념하는 것을 일념으로 하며, 첫 번째의 숨에서 칭념할 수 있는 만큼 두 번째 호흡에서도 아미타불을 칭념합니다. 이렇게 10회의 호흡까지 염하는 것이 십념법으로, 이것을

염불, 극락으로의 초대

'조석십념법'이라 합니다.

이와 같이 아침에도 십념법으로 수행을 하고, 저녁에도 이 십념법으로 수행을 하여 항상 잊지 않고 '나무아미타불'을 염하면, 임종 시에 자연히 극락세계에 왕생하게 됩니다. 그러므로 염불 법문은 매우 쉽고 편리한 법문이며, 적은 노력으로 큰 성공을 얻을 수 있습니다.

서방 극락이 그대의 집

한 생각의 광명이
바로 부처이다

|

마음의 한 생각이 선하면 곧 천당의 원인을 만들고,

한 생각이 악하면 지옥의 열매를 맺습니다.

불법을 공부하는 사람은 빛나는 태양처럼 날마다 기쁘게 지내야 하며, 음기가 가득한 것처럼 우울하게 지내서는 안 될 것입니다. 한 생각의 광명은 곧 부처이며, 한 생각의 어두움은 곧 귀신입니다.

이 마음의 한 생각이 선(善)하면 곧 천당의 원인(因)을 만들고, 한 생각이 악하면 지옥의 열매(果)를 맺습니다. 우리가 부처를 이루느냐, 지옥에 떨어지느냐는 모두가 이 한 생각의 분별에 달린 것입니다. 그러므로 우리는 항시 이 마음을 시시각각 잘 관리하여 날뛰는 마음의 거친 성질과 어리석은 마음의 망상을 내지 않게 해야 할 것입니다.

이 세계는 모두 중생의 마음으로부터 지어낸 것입니다. 세상에 나타나는 삼재팔난(三災八難)도 모두 중생의 업으로 말미암아 이루어진 것입니다. 그대가 규칙을 지키지 않으면 장래에 많은 충격적인 일을 당하게 되어 그대를 힘들게 할 것입니다.

지금 이렇게 여러분이 이 불전(佛殿)에 모여서 염불을 하고 있으니, 이곳은 정말로 가장 좋은 수행의 도량이라 하겠습니다. 여기서 염불을 하면, 그대의 날뛰는 야성(野性)을 조복시키고, 그대의 어리석은 마음으로 일어나는 망상을 조복 받을 수 있을 것입니다. 또한 그대가 일심으로 염불을 하면 그대의 오만불손한 마음도 조복될 것이며, 그대의 마음속 오염된 잡념도 모두 조복할 수 있습니다. 따라서 이 염불 법문은 미묘하고 불가사의한 것입니다.

그러면 어떤 사람은 이렇게 말할 것입니다. "나는 이미 며칠이나 염불을 해왔지만 아무런 좋은 점도 얻은 게 없습니다." 그대는 어떤 이점을 얻으려고 합니까? 그대가 망상을 짓지 않고 머리가 덜 세는 것은 이점이 아닌가요? 그대가 만연(萬緣)을 버리고 일념도 생겨나지 않게 일심으로 염불하여 근심 걱정도 없고 마음에 걸리는 것이 없는 이것이 좋은 점이 아닌가요?

이렇게 현전하는 것이 바로 좋은 점이며, 장래 임종 시에 아미타 부처님께서 금대를 갖고 오시어 그대를 극락세계로 맞아 왕생시켜 주실 것인데, 이 이상의 어떤 좋은 점이 있겠습니까? 또한 그대가 지옥에 떨어지지 않고, 아귀 세계를 돌지 않고, 축생이 되지 않는 이것이 좋은 점이 아닌가요?

그대는 그렇게 많은 망상이나 회의(懷疑)를 갖지 않도록 하세요. 이 일도 의심하고 저 일도 믿지 못하면 온 뱃속이 모두 귀신으로 가득 차게 되는데, 그대가 이들 귀신을 쫓아버리고 마음속을 부처로 가득 채우면 얼마나 좋습니까!

여러분이 참가하고 있는 이번 7일 염불법회는 일 년에 단지 몇 번밖에 없으므로, 이것은 매우 귀중한 시간이며 희유하고 얻기 어려운 기회입니다. 그러므로 만연을 버리고 일념도 생하지 않게 하여 함께 수행하면서 보리(菩提)의 연(緣)을 맺어야 장래 보리의 과(果)를 얻을 것입니다.

한 가지 여러분이 확실히 명심해 둘 사항이 있습니다. 도량 안에 있으면서 도량을 파괴하려 들어서는 안 될 것입니다. 어떻게 하는 것이 도량을 파괴하는 것일까요? 여기서 염불 수행을 하고 있으면서 다른 이가 염불의 좋은 경계를 얻는 것을 싫어하는 이가 있습니다. 만약 다른 이가 염불삼매를 얻으면, 질투심을 품고서 "나에게 방법이 있지. 염불 정진이 시작될 때 모두들 일어서서 염불을 하면 나는 곧 화장실에 갈 것이며, 소변의 용무가 있든 없든 화장실에 갈 것이다. 내가 걸어가면 다른 사람은 정신이 산란하게 되어 염불삼매를 얻을 수 없게 될 것이다. 그리고 나만 화장실에서 몰래 필사적으로 '나무아미타불, 나무아미타불……'을 염하면, 나는 반드시 염불삼매를 얻게 될 거야."라고 생각하는 사람을 두고 하는 말입니다.

또 하나의 방법이 있습니다. 다른 이가 염불을 하고 있는데 화장실 입구로 달려간다거나, 혹은 주방 앞에서 큰 소리로 이야기를 하거나, 말하면서 웃거나 심지어 울거나 하는 것입니다. 그리고는 혼자 생각하기를 "내가 이렇게 소란을 피우면 남들은 염불삼매를 얻을 수가 없을 거야. 이 틈을 타서 나는 몰래 염불하여 먼저 염불삼매를 얻자."라고 생각하는 것인데, 이것이 다른 이의 수행을 방해하는 방법입니다.

그러므로 오늘부터 누구라도 화장실 앞이나 부엌 입구에서 수다를 떨거나 쑥덕공론을 해서는 안 됩니다. 7일 염불법회 기간만이 아니라 평소에도 그렇게 하면 안 될 것입니다. 사람들이 이곳에서 한창 염불하고 있는데, 여러분은 부엌으로 달려가 수다를 떨어서는 안 된다는 말입니다. 도량은 수행하는 곳이지, 수다를 떠는 곳이 아닙니다.

그대가 이러한 자신의 '쓰레기'를 치워두지 않으면, 책을 읽어도 소용이 없으며 여전히 쓰레기 더미 그대로일 것입니다. 그러므로 우리 불법을 닦는 사람들은 스스로 그 마음을 맑히지 않으면 안 될 것입니다. 자신의 심성을 깨끗하게 수습하여 조금의 음기도 없애어 모두 햇빛이 두루 비치게 해야 할 것이며, 하루 종일 어두운 얼굴을 하지 않도록 합시다. 매일 기분 나쁜 얼굴을 하면 음침한 사람이 되며, 매일 기분 좋게 보내고 남에게 계산을 하지 않는 것은 밝은 빛을 널리 비추는 것입니다. 어떠한 것이 남에게 계산을 하는 것인가 하면, 바로 온갖 생각을 짜내어 자기에게 이익이 되도록 하는 것입니다.

우리들이 불법을 공부함에 있어서 가장 중요한 것은 이처럼 미세한 부분에서 분명해야 하는 것입니다. 부처와 귀신의 차이점은 바로 한 생각에 달려 있습니다. 일념이 밝으면 바로 부처요, 일념이 어두우면 바로 귀신입니다. 그대의 생각 생각이 밝으면 언제나 부처이지만, 생각 생각이 어두우면 항상 귀신입니다.

그러므로 부처와 귀신의 차이는 이 일념 간에 달린 것입니다. 일념으로 부처가 될 수도 있고, 일념으로 귀신이 될 수도 있습니다. 일념으로 천국에도 오르지만, 일념으로 지옥까지 떨어져 버립니다. 따라서 이 일념이 무엇보다 귀중합니다. 이 일념이 생기기 이전에 특별히 조심해야 할 것이며, 일념의 광명으로 인하여 이 세상엔 평안이 깃들고, 일념의 흑암으로 인하여 세상은 혼란스러워집니다. 그러므로 그대의 일념은 이 세상과 상당한 관계가 있습니다.

여러분! 인과 관계를 분명히 인식하고, 깊이 이해해 주기를 바랍니다. 우리는 왜 이렇게 전도되어 있습니까? 만약 이 점을 명확히 이해하지 못하면, 정말로 어리석기 짝이 없는 노릇입니다.

염불, 극락으로의 초대

염불 수행에 대한 문답

|

만일 출세법을 얻어서 반본환원(返本還原)하려고 하면,

그대는 약간의 고생을 견뎌내야 할 것입니다.

세간법을 가볍게 볼 것이며,

너무 중요하게 보지 말아야 합니다.

질문 『아미타경』에 이르기를 우리들은 응당 극락왕생을 발원해야 한다고 하였는데, 왜냐하면 극락세계에는 삼악도가 없기 때문입니다. 만일 사람들이 극락세계에 가서 난다면, 이는 삼악도의 중생을 제도하러 가지 않는 것인데, 그래도 괜찮은 것입니까?

상인 당신이 내버려두어도 다른 사람이 제도할 것입니다. 만일 당신이 제도하고 싶으면 극락세계에서 성불한 후 돌아와 제도하면 될 것입니다. 아미타 부처님도 바로 그렇게 하신 것입니다.

질문 관세음보살을 염하거나 『대비주』혹은 『화엄경』「보현행원품」을 염하더라도 극락세계에 왕생할 수 있습니까?

상인 그럴 수 있습니다! 「보현행원품」은 바로 극락세계로 돌아가는 것입니다.

어떤 사람은 염불하여 이미 광명을 보았거나, 부처님을 보았거나, 연꽃을 보았거나, 아미타 부처님께서 마정수기를 주시는 것을 보았다는 것을 나는 알고 있습니다. 그러면 어떤 사람이 묻기를 "그게 사실이라면, 어째서 나에게는 보이지 않습니까?"라고 하는데, 이런 질문은 응당 자기 자신에게 물어야 할 것이며, 전일하게 성심으로 정진해야 비로소 수승한 경계가 나타나게 됩니다. 혹은 어떤 사람이 또 말하기를 "정말로 힘들어 죽겠어요."라고 하면, 목숨을 구하지 말아야 좋지, 목숨을 구해서 무엇 하겠습니까?

죽음을 버릴 수 없으면, 삶을 바꿀 수가 없고,

거짓을 버리지 않으면, 참됨으로 바꿀 수가 없네.

捨不了死　換不了生

捨不了假　換不了眞

만일 그대가 세간의 복을 누리려고 하면, 출세법(出世法: 세상을 벗어나는 법)에는 그대의 몫은 없습니다. 만일 출세법을 얻어서 반본환원(返本還原)하려고 하면, 그대는 약간의 고생을 견뎌내야 할 것입니다. 세간법을 가볍게 볼 것이며, 너무 중요하게 보지 말아야 합니다.

염불을 하는 동안 빛이나 부처를 보거나, 어떤 때는 신이나 귀신을 볼 때도 있습니다. 소위 "좋은 경계도 있지만, 나쁜 경계도 있다."라고 하는 것입니다. 여러분에게 어떠한 경계가 있었는지 언급하면 모두 함께 토론해 볼 수 있습니다.

서방 극락이 그대의 집

3

1975년 8월 오리건주 리드스포트시 스미스강가 산속에 있는
Brevoort 부부의 농장에서 개최된 야외 염불정진 법회(佛七) 법문

부처의 뿌리를 심는 땅

(佛根地)

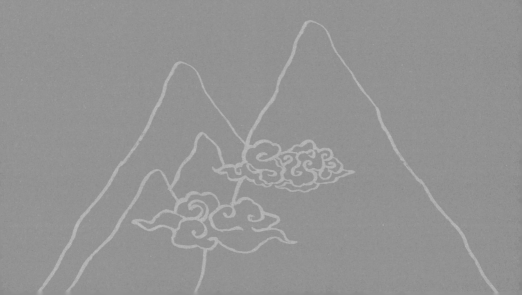

부처의
뿌리를 심자

|

모기가 물어도 무는 것을 모르고,

비가 내려도 내리는 줄 모를 정도로 염불하면,

그것이 바로 참된 마음으로 염불하는 것입니다.

- 1975년 8월 17일(일요일 저녁) 법문 -

여러분, 안녕하십니까? 이렇게 비가 내리는 오늘 법회에 이렇게 많은 분들이 참석하셨습니다. 이는 깊은 산에서 개간하여 보리(菩提: 깨달음)의 종자를 심는 것이며, 장래 부처의 열매를 맺을 것이니, 이것은 매우 불가사의한 일입니다.

우리가 지금 법회를 하려고 이 산에 왔는데, 빌 거사는 이 산의 이름을 '불근지(佛根地)'라고 지었답니다. 불근지에는 반드시 보리의 종자를 심어야 할 것이며, 지금 보리의 종자를 심어야 이후 비로소 부처의 뿌리를 내리게 되어, 장래 부처의 과를 성취하게 될 것입니다.

부처의 뿌리를 심는 땅(佛根地)

따라서 여러분들이 이곳에 오게 된 것은 매우 중요한 일입니다. 그것이 왜 중요하다고 말하는가 하면 여러분이 염불을 하면 생사를 마치게 되기 때문입니다. 우리들과 같은 모든 사람은 시작이 없는 겁 이래로 나서는 죽고 죽으면 다시 태어나고 하면서 얼마나 많이 생과 사의 윤회를 거쳐 왔는지 모릅니다. 이것은 또한 이러한 염불 법문을 만나지 못하여 생사를 마치지 못했기 때문입니다. 지금 염불의 법문을 만나 서방 극락세계에 갈 수 있으므로 이것이야말로 매우 중요한 것입니다.

염불 법문은 일체중생으로 하여금 생사를 그치게 하고 윤회에서 벗어나게 하고, 괴로움을 벗어나 즐거움을 얻게 하는 것입니다. 이렇게 중요한 것이므로 여기 참가한 모든 사람은 참된 마음으로 염불해야 할 것입니다. 여러분이 참된 마음으로 염불하느냐 못하느냐는 일종의 시험입니다. 그대가 참된 마음으로 염불하면 모기도 당신을 물지 않을 것이며, 만약 참된 마음으로 염불하지 못하면 모기가 와서 당신을 물 것입니다.

당신이 참된 마음으로 염불하면 또한 비가 내리는 것도 두렵지 않을 것입니다. '아무리 세찬 비가 내려도 나의 염불하는 마음을 막지는 못할 것이다.'라는 각오로 염불하면 바람도 통과하지 못할 것이며, 비도 뚫지 못할 것입니다. 당신이 이러한 마음으로 염불할 수 있으면 비도 내리지 않을 것이며, 모기도 물지 않을 것입니다.

설령 모기가 물어도 무는 것을 모르고, 비가 내려도 내리는 줄 모르고 염불하면, 그것이 바로 참된 마음으로 염불하는 것입니다. 만약 당신이 '어, 여기 모기가 있구나. 아, 여기 또 한 놈이 있구나.'라고 느끼면서 모기를 잡으려고 한다면, 곧 염불은 잊게 될 것입니다. 이것은 우스갯소리가 아니라 매우 중요한 말입니다.

일체는 모두 시험으로,
그대가 어떻게 하는가를 보네.
만약 경계를 대하여 알아차리지 못하면
반드시 다시 처음부터 연마해야 하네.
一切是考驗, 看你怎麽辦
對境若不識, 須再從頭煉

좋습니다. 오늘 이만합시다. 여러분 오늘 밤 모두 잘 주무시기 바라며, 모기가 물지 않기를 빕니다. 만약 여러분이 염불하는 것도 잠자는 것처럼 할 수 있으면, 모기가 와서 물 때도 알지 못할 것입니다. 여러분이 잠을 잘 때 모기가 물어도 모르는 것처럼 염불할 때 모기가 물어도 모르는 것과 같은 것입니다.

염불의 공덕

|

시방세계의 모든 중생들이 단지 나의 이름을 염하면,
나는 곧 그를 맞이하여 나의 국토에 오게 하여
부처를 이루게 할 것이며, 만약 그가 부처를 이루지 못하면
나도 정각을 취하지 않겠다.

- 1975년 8월 18일(월요일 오후) 법문 -

오늘은 염불법회의 첫째 날입니다. 어떤 사람은 염불한 적이 있어 염불의 좋은 점을 아실 것이며, 어떤 사람은 염불을 해 본 적이 없어 염불이 무엇을 하는 것인지 모르실 것입니다.

도대체 "나무아미타불"이 무엇인가요?

걸으면서 염불하고 서서 염불하고 앉아서 염불하고, 잠을 잘 때는 마음속으로 염불하는 이것이 무슨 소용이 있나요? 지금 여러분에게 말씀드리는데, "부처님 앞에서 절을 하면 항하의 모래같이 많은 죄업이 소멸된다."라고 합니다. 이 말을 듣고 어떤 사람은 말할 것입니다.

"그러면 나의 항하사만큼 많은 죄업은 내가 이렇게 많이 염불했으니 반드시 모두 소멸되어 없을 것이야!"라고 할 수도 있습니다.

그러나 당신은 알아야 할 것입니다. 당신은 무량겁 이래로 사람이 된 그때부터 지금까지 얼마나 많은 생이 있었는지 모르며, 심지어 당신 자신도 전생이 있고 금생이 있고 내생이 있다는 것을 믿지 못합니다. 당신이 믿지 못하므로 매 생에서 모두 미혹하여 깨닫지 못하였으며, 이러한 까닭으로 지금까지도 사람이 살아있을 때 얼마나 많은 죄업을 짓는지 모릅니다. 매 일생 가운데서 짓는 죄업은 아마도 항하의 모래보다 더 많을 것입니다. 따라서 당신이 염불하면 항하사의 죄업을 소멸하지만, 당신의 죄업이 얼마나 되는지는 모릅니다.

우리의 죄업은 다행히도 형상이 없습니다. 만약 형상이 있다면 각자의 죄업은 허공을 가득 채울 것입니다. 그것이 형상이 없기 때문에 당신의 죄업이 그렇게 많더라도 허공에 차지 않습니다. 따라서 말하기를 "부처님 전에서 예배하면 항하사의 죄업을 소멸한다."라고 합니다. 그리고 "한 푼의 돈을 보시하면 무량의 복이 늘어난다."라고 합니다. 당신이 이 도량을 보호하고 유지하는데, 돈이 있는 분은 돈을 내고, 힘이 있는 분은 힘을 써서 봉사합니다. 당신이 돈을 내든 힘을 쓰든 이 모두는 같은 공덕이 있으며, 선근을 심는 것입니다.

그러면 염불 한 소리를 하는 것은 어떠한가요?

염불 일성(一聲)은 80억 겁의 생사의 중죄를 소멸합니다. 따라서 우리는 지금 불법이 없는 국가에서 불법을 만났으며, 우리들에게 염불

법문을 가르치는 선지식이 있으니, 이것은 매우 희유한 일입니다. 그러므로 여러분은 고귀한 시간을 함부로 낭비하지 않아야 할 것입니다. 매우 주의를 기울여 열심히 염불하셔야 비로소 이 염불법회에 참가한 것이 헛되지 않을 것입니다.

지금 우리는 학생들이 야영을 하는 것과 같이 노천에서 염불하며, 비가 와도 위에 덮는 것도 없습니다. 이렇게 고요한 깊은 산속에서 다른 일을 하는 것이 아니고 염불을 한다는 것은 정말로 미묘하고 불가사의합니다. 공기도 신선하여 조금도 오염된 것이 없으니, 이곳이 바로 청정한 극락세계입니다.

이러한 곳에서 수행하면 감응도교(感應道交)할 수 있는 힘이 배가되어 시끄러운 시내에서 하는 것과는 완전히 다를 것이며, 쉽게 염불삼매를 얻을 수 있고, 쉽게 선정에 들어갈 수 있습니다. 당신이 한 소리의 염불을 하는 것은 한 생각의 청정함이며, 소리 소리에 염불하면 생각 생각이 모두 청정해집니다. 생각 생각이 청정하면 곧바로 염불삼매를 얻게 될 것입니다.

이곳 옆에는 작은 하천이 있으며, 흐르는 물소리를 들으면 이 또한 염불 소리입니다. 그것은 그곳에서 '나무아미타불'을 염하고 있습니다. 바람 부는 소리도 염불하고 있으며, 또한 마하의 묘법을 연설하고 있습니다. 이러한 경계는 마치 극락세계의 경계와 같습니다.

그러면 "왜 우리는 나무아미타불을 염해야 하며, 아미타불은 왜 나를 염하지 않는가?"라고 누군가 질문하는데, 그대의 물음은 일리가

염불, 극락으로의 초대

있습니다. 왜냐하면 당신은 중생으로 하여금 당신을 염하게 하는 원을 발하지 않았기 때문입니다. 아미타불은 인지(因地: 수행의 시기)에서 법장비구가 되었을 때 마흔여덟 가지의 대원을 발하였습니다. 그 가운데 이렇게 말씀하였습니다.

"내가 장래 수행하여 부처를 이룰 때 나의 국가는 매우 즐거우며 청정하여 오탁악세와 같이 혼탁하지 않게 할 것이며, 시방세계의 모든 중생들이 단지 나의 이름을 염하면, 나는 곧 그를 맞이하여 나의 국가에 오게 하여 부처를 이루게 할 것이며, 만약 그가 부처를 이루지 못하면 나도 정각을 취하지 않겠다."

아미타불은 이러한 원력이 있기 때문에 우리들은 지금 이구동음으로 나무아미타불을 칭념하는 것입니다. 이 염불은 아미타불의 원력에 따라 수행하는 것으로서 우리들이 염불하면 아미타불은 곧 아십니다.

"아, 내가 이전에 이러한 중생들과 계약을 체결하였지. 그가 나의 이름을 염하면 나는 마땅히 그를 맞이하여 부처를 이루게 해야지. 만약 내가 지금 그를 맞이하여 부처를 이루게 하지 못하면 나의 이 계약서는 거짓이 될 것이다."

따라서 아미타불은 바로 당신을 맞이하여 부처를 이루게 합니다.

어떤 사람은 이렇게 말할 것입니다.

"서방 극락세계는 여기서 십만억 불국토나 멀리 떨어져 있는데, 어떻게 갈 방법이 있습니까? 비행기를 타고 갑니까?"

당신은 이것을 걱정할 필요가 없습니다. 한 생각에 바로 이르게

됩니다. 어떤 표도 살 필요가 없이 한 생각에 극락세계에 오르게 되며,
십만억 불국토는 당신의 한 생각을 벗어나지 못합니다.

아침저녁에 염불하는 십념법

|

십념법(十念法)이란 매 일념을 한 호흡으로 하여
열 번의 호흡을 염하는 것을 말합니다.

- 1975년 8월 19일(화요일 저녁) 법문 -

이번 염불법회 둘째 날이 다 가려고 하는데, 오늘 저녁도 비가 내리지 않을 것이라 믿습니다. 이틀 동안 각자 모두 진심으로 염불한 덕분인지 비가 내리지 않았습니다. 내일은 어떨지 모르겠는데 비가 내리는지 봐야 알겠습니다.

우리가 "나무아미타불" 염불을 할 때 경쇠를 치는 소리가 들리면 판을 바꾸어야 하는데[轉板], 즉 "나무"는 빼고 "아미타불"이라고 염불해야 합니다. 내가 살펴보니 많은 사람들이 알지 못하고 있습니다. "나무아미타불"에서 "아미타불"로 바뀔 때 합장하는 손을 놓습니다[放

掌). 얼굴 부위에서 합장하던 손을 심장 부위로 내리는 것을 말합니다. 많은 분들이 아직 이런 규칙을 잘 모르는 것 같습니다.

이러한 규칙은 비록 중요하지는 않지만 지켜야 합니다. 지키지 않으면 원만함을 이룰 수 없으며, 곧 우리들이 원하는 바를 성취할 수 없습니다. 과동(果童)은 네 살 때 절에 와서 다른 것은 묻지 않고, 왜 규칙이 있는지 물었습니다. 당시 그렇게 어린 아이가 이런 질문을 하는 것을 보고, 장래에 규칙을 잘 지키지 않는 사람이 되겠다고 생각했습니다. 여러분이 규칙을 지키지 않기 때문에 규칙이 필요한 것이며, 여러분이 규칙을 지키려고 하면 규칙은 필요 없을 것입니다.

지금 그(과동)도 이곳에 왔는데, 나는 그가 반드시 규칙을 싫어할 것이라고 믿습니다. 왜냐하면 그는 마치 원숭이처럼 마구 뛰어다니는 그런 성질을 가지고 있어서 자유롭게 이리 뛰고 저리 뛰면서 놀고 싶어 하기 때문입니다. 그의 머리는 매우 활동적이며 눈도 무엇을 보기를 좋아하고, 이야기를 만들어내기를 좋아하며, 만약 계속 깊이 연구한다면 장래 이야기를 만들어내는 전문가가 될 수도 있을 것입니다.

수행은 매일 해야 합니다. 오늘 수행하다가 내일 수행하지 않으면 안 됩니다. 규칙을 지키는 것도 이와 마찬가지로 매일 규칙을 지켜야 합니다. 당신이 만약 규칙을 지키지 않으면 불법의 계율과 부합되지 않습니다. 여러분들이 각자 어느 곳에 가든지 이 점을 주의해야 할 것이며, 함부로 넘겨서는 안 될 것입니다.

오늘 낮에 설명한 지명염불(持名念佛)은 연세 드신 분이나 젊은 분 누

염불, 극락으로의 초대

구나 염불할 수 있으며, 어떠한 사람이든지 모두 염불할 수 있습니다. 병이 있는 사람도 염불할 수 있으며, 건강한 사람은 더욱 마땅히 염불해야 할 것입니다. 무엇 때문인가 하면, 병이 있는 사람은 업장이 있기에 마땅히 염불하여 업장을 소멸해야 할 것이며, 병이 없는 사람은 신체가 건강할 때 마침 염불로써 회향하여 신체가 영원히 건강하게 해야 하기 때문입니다.

그러면 노인은 어떻게 해야 할까요?

이번 인생의 길이 곧 끝나려고 하기 때문에 마땅히 좋은 길을 가기 위하여 염불해야 합니다. 젊은 사람은 전도가 무량하므로 마땅히 염불하면 앞날이 더욱 빛나게 될 것입니다. 그러므로 이 염불 법문은 어떠한 사람을 막론하고 모두 염불해야 할 것입니다. 이 염불은 행주좌와 어떤 때라도 염불할 수 있으나, 누워서 염불할 때는 소리를 내지 말고 마음속으로 염해야 할 것입니다. 소리를 내어서 하는 것은 공경스럽지 못하기 때문입니다.

그리고 일이 바쁜 사람도 염불할 수 있고, 한가한 사람도 염불할 수 있습니다. 가장 바쁜 사람은 어떻게 염불할까요?

"아침저녁 십념법"으로 염불할 수 있는데, 이것은 어떻게 하는 것인가 하면, 아침과 저녁에 십념으로 염불하는 것입니다. 십념법(十念法)이란 매 일념을 한 호흡으로 하여 열 번의 호흡을 염하는 것을 말합니다. 아침에 일어나면 세수를 하고 양치를 한 연후에 서쪽을 향하여 앉거나 섭니다. 만약 집에 아미타불의 불상이 있으면 더욱 좋습니다.

여러분들이 만약 아미타불의 상을 모시기를 원하면 나에게 인쇄된 아미타불의 상이 있으니, 금산사로 오시면 한 장씩 드리겠습니다.

그리고 불상 앞에서 합장하고 공경스럽게 먼저 삼배를 올린 연후에 "나무아미타불"을 열 번의 호흡 가운데 염합니다(즉 들이쉬고 내쉬는 한 호흡에 나무아미타불, 나무아미타불… 염불을 하는 것을 일념이라고 함). 아침과 저녁에 이렇게 하시면 될 것이며, 고의로 호흡을 길게 할 필요도 없고, 고의로 호흡을 짧게 할 필요도 없이 자연스럽게 하시면 될 것입니다.

이렇게 한 호흡이 바로 일념이 되며, 열 번의 호흡 가운데 염불하시면 됩니다. 아침에도 열 번, 저녁에도 열 번씩 하는 것을 "아침저녁 십념법"이라고 합니다. 여러분이 만약 매일 매일 빠뜨리지 않고 단지 오 분, 혹은 십 분의 시간만 내면 충분히 할 수 있는 수행법입니다.

그리고 낮에 만약 시간이 나시면 염불하여 많이 염불할수록 좋으며, 이러한 십념법의 공부를 해도 서방 극락세계에 왕생할 수 있습니다. 따라서 이 염불 법문이 가장 편리한 법문이라고 하는 것입니다.

염불, 극락으로의 초대

염불하여 개의 병을
치료한 이야기

로시는 한 사람이 염불하여 치료한 것이 아니라
많은 사람이 염불하여 치료한 것입니다.
나는 그것이 불보살의 힘으로 다라니와 염불이
작용을 일으킨 것이라고 압니다.

- 1975년 8월 19일(저녁) 항현(恒賢) 비구니 법문 -

오늘은 염불법회 삼 일째 되는 날로서 여러분은 마땅히 조그만 감응이
있을 것입니다. 어제 선화 상인께서 염불의 공덕은 업장을 덜어주고 가
볍게 해 주며, 그에 따라 병도 치료할 수 있다고 하였습니다. 어제 우리
는 큰 고양이의 이야기를 들었는데, 오늘 저는 작은 개에 관한 이야기를
하려고 합니다. 이 모두 염불하여 병을 치료한 진실한 이야기입니다.

첫 번째 이야기는 미국 캘리포니아주 프레즈노시의 페키니즈(狮
子狗, 사자개)에 관한 이야기입니다. 페키니즈는 마치 사자처럼 생긴 개
로서 새로운 품종입니다. 이 개의 조부가 되는 개는 이전에 세계 개 시

합에서 우승을 차지한 바가 있습니다. 그러나 이 개는 별로 드러나지 않아서 시합에 참가하지 않았으며, 비록 시합에는 나가지 않았으나 명품 종의 후예로서 매우 특별하고 활발하고 성격이 좋은 개였습니다. 단지 작은 흠이 있다면 허영을 좋아하고 입으로 핥기를 좋아하는 것이었습니다. 그 외에는 실로 무엇 때문에 그 개가 그러한 재앙을 만나게 되었는지 알 수 없으며, 혹은 다른 큰 개의 질투 때문이 아닌가 하는 생각이 듭니다.

어쨌든 내가 그 개의 주인인 고모할머니를 만나러 갔을 때 그 개의 하반신은 이미 마비가 되어 있었습니다. 척추가 잘못되어 하반신 전체를 움직일 수 없었으며, 억지로 자기의 몸을 끌 수 있는 정도였습니다. 그 개가 이러한 고통을 받고 있는 것을 보면서 상태가 이미 몹시 심해졌음을 알 수 있었으며, 언제라도 죽을 것 같은 느낌이 들었습니다. 나는 그때 이미 불법을 공부하고 있었기 때문에 다라니를 염송하고 염불하는 데 대하여 큰 믿음을 가지고 있었습니다. (그 개는) 그 당시 광(光) 치료를 받고 있었지만 아무런 효과가 없었습니다.

나는 「능엄주」의 교본을 가지고 앉아서 세 번을 독송한 연후에 아미타불을 염하기 시작했습니다. 그런데 신기하게도 내가 염하기 시작하자 어떤 무엇이 그 개와 통하기 시작하는 것 같았습니다.

내가 염송하기 시작할 때 그 개가 나를 등지고 앉게 하여 염하였는데, 왜냐하면 그 개가 상처를 입은 척추에 나의 주의력을 집중하기 위해서였습니다. 그러나 그는 자주 나를 돌아보았으며, 여러 가지 소리를 내면서 손의 자세는 마치 염불하는 것처럼 하였습니다. 당연히 단정할 수는 없지만, 나의 염송이 그의 전생에 숙지하였던 것을 기억 속에서 불러일으켰을 가능성이 있습니다. 어쨌든 그 후로 그 개는 점점 좋아지기 시작하여 며칠 후 거의 원래대로 회복되었습니다. 약간 다리를 저는 정도가 되었다가 마침내 완전하게 회복되었으니, 이것은 바로 다라니와 염불의 공덕이라고 할 수 있습니다.

그밖에 다른 한 가지는 금산사의 과규(果奎)와 과종(果宗) 두 거사와 관계가 있는 개에 대해 말씀드리겠습니다. 그들의 딸 과방(果芳)이 출생하기 전에 그들에게 로시라는 개가 있었습니다. 그 개는 매우 활발하고 총명한 작은 개로서 노는 데 재주가 있고, 개구쟁이같이 사람과 잘 통하였으며, 나는 그 개와 인연이 있는 것 같았습니다.

어느 날 오후 내가 금산사의 창밖으로 로시가 차량에 부딪혀 넘어지는 것을 보게 되었습니다. 나는 재빨리 달려나갔으나 그는 이미 중상을 입고 땅에 누워 있었습니다. 차량이 그의 머리 측면과 몸의 앞부분에 부딪힌 것 같았습니다. 그의 눈동자는 위로 뒤집혀 있었고 입에서는 피가 흐르고 있었으며, 두 다리는 곧게 펴지고 몸은 굳어지기 시작하였습니다. 차를 운전하던 사람이 차에서 내려 큰 소리로 "서둘러, 당신 개가 죽겠어!"라고 소리쳤습니다.

나는 그 사람을 가게 하고 〈대비주(大悲呪)〉를 독송하기 시작하였으며, 절에 있던 다른 사람들도 나와서 함께 독송하였습니다. 어떤 사람이 가서 선화 상인께 알리자, 상인께서는 그 개가 곧 죽으려고 하니 마땅히 "나무아미타불"을 염하라고 하였습니다. 우리는 매우 조심스럽게 그 개를 사무실로 옮겨 상처를 닦고 담요로 싸서 보온이 되게 한 후에 전심전력으로 "나무아미타불"을 염하였습니다. 이렇게 염불하기를 몇 시간 하였을 때 로시가 점점 소생하는 것을 보게 되었으며, 한 시간 반 후에는 담요 속에 있기를 원하지 않아서 담요를 벗겼습니다. 원래 로시는 이미 거리에서 죽었는데 그때 살아난 것입니다.

우리는 선화 상인의 설법시간이 되어서야 비로소 염불을 그쳤으며, 상인께서 오셔서 로시가 어떤지를 물으시고는 우리들에게 로시를 위층으로 데려가게 하였습니다. 어떤 사람은 로시가 귀의한 적이 있다고 생각하며, 어떤 사람은 그가 선화 상인의 방에서 나오는 것을 보았으며, 혹은 상인과 만난 적이 있다고 합니다.

어떻게 말하든지 간에 그의 불법을 배운 인연은 매우 좋았습니다. 선화 상인은 그를 나무란 후에 "일찍부터 네가 늘 집 밖으로 나가면 반드시 무슨 사고가 날 것이라고 말했는데, 듣지 않아서 과연 일이 생긴 것이다."라고 말씀하셨습니다. 로시는 상인의 말씀을 전부 순순히 받아들였습니다. 그날 저녁 비록 활발하지는 못했지만 이미 움직일 수 있었으며, 그다음 날 정상적으로 회복하였습니다.

재미있는 일은 로시의 주인인 과종이 그 당시 과방을 임신하고 있었는데, 과방이 출생하기 얼마 전에 로시가 실종된 것입니다. 그가 어디로 갔는지 아는 사람이 없으며, 그를 잃어버린 사람도 없는데 갑

염불, 극락으로의 초대

자기 없어졌으며, 얼마 후에 과방이 출생하였습니다. 하지만 함부로 결론을 내리지는 말기 바랍니다.

여기서 중요한 것은 로시는 한 사람이 염불하여 치료한 것이 아니라 많은 사람이 염불하여 치료한 것입니다. 그리고 앞에서 이야기한 페키니즈는 지금도 살아있습니다. 나는 그것이 불보살의 힘으로 다라니와 염불이 작용을 일으킨 것이라고 압니다. 그러나 우리는 자주 이 점을 분명하게 이해하지 못합니다. 어떤 사람은 큰 위신력을 갖춘 다라니를 염송할 때 자기의 힘이 작용을 일으킨다고 잘못 생각하는데, 이것은 매우 위험한 것입니다.

|

미타를 한 번 염하니, 한 생각이 부처요,

생각 생각에 미타를 염하니, 생각 생각이 부처로구나.

- 1975년 8월 20일 (수요일 저녁) 법문 -

염불법회에 참가한 사람은 다른 사람이 고통을 받지 않도록 각자 진심(眞心)을 내어 염불해야 할 것입니다. 그대가 만약 진심으로 염불하지 않으면 하늘에서는 비가 내릴 것이고, 진심으로 염불하는 사람도 함께 고통을 받을 것입니다. 우리 중에 진심으로 염불하는 사람이 많으면 당연히 비가 내리지 않을 것이며, 진심이 없는 사람이 많으면 비가 올 것이니 이것은 일정한 도리입니다. 비가 내리면 길을 걷기도 불편하고 더욱이 저녁에는 더할 것입니다. 따라서 우리들의 이 사흘간 비가 내리지 않은 것은 큰 감응이라고 할 수 있습니다.

아직 나흘이 남았는데 어떨지를 봐야겠습니다. 모든 사람은 마땅히 지성심으로 간절하게 염불할 것이며 게으름을 피워서는 안 될 것입니다. 그래서 염불법회에 빠지는 일이 없어야 할 것입니다. 우리가 이렇게 멀리까지 왔는데, 만약 대충대충 노는 것처럼 염불한다면 안 되겠지요. 그러므로 어떤 사람이라도 법회에 참가한 사람이라면 모든 괴로움을 참고 염불해야 할 것입니다. 어찌 되었든 진심으로 염불하십시오. 염불하는 소리는 너무 높지도 않고, 너무 낮지도 않아야 할 것입니다. 그리고 염불할 때는 마치 잠자는 것처럼 하다가 염불하지 않을 때는 힘이 나서 말을 많이 하면 안 될 것입니다. 모든 정신을 염불하는 데 쏟고 아미타불을 관상(觀想)하십시오.

여러분이 염불하는 가운데 어떤 사람에게는 감응이나 서상(瑞相)이 있을 것입니다. 서상이란 상서로운 감응으로서 아미타불께서 오셔서 정수리를 만지시거나, 혹은 아미타불께서 옷으로 그대를 덮어주시는 것을 보거나, 부처님께서 광명을 비추는 것을 보거나, 평소 맡지 못하는 특이한 향기를 맡거나 하는 것도 서상입니다.

혹은 연꽃을 보거나 밤에 꿈속에서 염불을 하는 등 염불법회 기간 내에 갖가지의 서상이 생길 것입니다. 여러분에게 이러한 감응이 있으면, 그것은 바로 아미타불께서 그대를 애호하고 섭수하신다는 것을 증명하는 것으로서 갖가지의 좋은 길상한 모습입니다.

내일은 여러분 각자 어떤 서상이나 감응이 있으면 모두에게 이야기할 수 있습니다. 나도 알기를 원합니다. 여러분 보세요, 여러분이 천지를 감동시켜서 비가 내리지 않은 것이며, 그 밖의 다른 서상은 더욱 많을 것입니다. 어떤 사람이라도 관세음보살이나 혹은 아미타불을 보았으면 모두 이야기해도 됩니다.

여러분은 염불 법문을 간단하게 보지 말아야 할 것입니다. 시방의 모든 부처님은 모두 염불 법문으로부터 나오신 것입니다. 관세음보살, 대세지보살, 문수사리보살, 보현보살은 시시각각 염불하고 있습니다. 이전 중국의 영명연수 선사께서는 선사로서 먼저 참선을 하여 깨달았지만, 깨달은 이후에 비로소 염불 법문이 가장 묘하다는 것을 아시고는 "나무아미타불" 염불을 하셨습니다. 그분이 '나무아미타불' 한 소리를 염하면 입에서 한 줄기 빛이 나왔으며, 그 빛 속에 한 분의 아미타불의 화신이 변화되어 나왔습니다. 따라서 다음과 같이 말하였습니다.

> 미타를 한 번 염하니, 한 생각이 부처요,
> 생각 생각에 미타를 염하니, 생각 생각이 부처로구나.
> 一念彌陀, 一念佛
> 念念彌陀, 念念佛

이 염불 법문의 묘한 점은 말로 다할 수 없습니다. 그래서 석가모니 부처님께서 묻지 않는데 스스로 말씀하신 것입니다. 경에서 다음과 같이 말씀하였습니다.

> 말법 시대의 중생은 일억 명의 사람이 수행하여도
> 한 사람이 도를 얻는 것도 드물며,
> 오직 염불로써 제도를 얻을 수 있다.
> 末法衆生, 一億人修行
> 罕一得道, 唯以念佛得度.

따라서 여러분이 만약 염불을 하면 제도를 얻어 생사를 마칠 수 있으며 윤회를 벗어날 수 있습니다. 그러므로 염불 법문은 가장 묘한 법문으로서 눈앞에서 놓치지 말고 귀중한 기회를 잃지 않아야 할 것입니다. 보배의 산에 와서 빈손으로 돌아가지 말아야 할 것입니다. 우리가 하는 지금의 염불법회가 바로 보배산입니다. 이곳 보배산에 왔으면 최소한 보배를 얻어야 하지 않겠습니까?

$$\bigcirc$$

세상 만물은
묘법을 연설하고 있다

|

무슨 일을 보면 이 모두 법을 설하고 있는 것을 이해해야 할 것입니다.

이해하지 못하면 그것은 바로 꿈을 꾸는 것입니다.

따라서 모든 것은 인과(因果)가 있는 것입니다.

- 1975년 8월 21일(우란분절) 오후 법문 -

질문 지금 세상에는 밥을 먹기도 힘든 사람들이 많이 있으며, 적당하게 옷을 입지 못하거나 거주 조건이 열악한 사람들이 많습니다. 도리어 소수의 사람들은 그들이 필요한 것을 매우 초과하여 소유하고 있습니다. 이러한 문제가 너무나 크기 때문에 제가 그것을 해결하려고 생각해도 효과는 극히 미미합니다. 그래서 저는 크게 실망하고 있는데, 우리가 무엇을 어떻게 해야 현재의 상황을 개선할 수 있겠습니까?

상인 걱정만 하는 것은 아무런 소용이 없습니다. 그대는 자기의 마음을 다하여 할 수 있는 일을 할 것이며, 너무 심각하게 구하지 말아야 할 것입니다. 왜냐하면 한 개인의 역량은 한계가 있기 때문이며, 이러한 사람은 너무나 많습니다. 먼저 그대 자신을 구해야 합니다.

왜 세상에는 먹을 것이 부족하고, 입을 것이 없고 머물 집이 없는 사람들이 많습니까? 바로 선을 행하는 사람이 적고, 악을 행하는 사람이 많기 때문입니다. 사람들이 모든 악은 지으려고 하고 많은 선은 받들어 행하지 않기 때문에 이러한 과보를 받는 것입니다. 이러한 과보를 만회하려는 것은 쉽지 않습니다. 왜냐하면 악을 저지르는 사람은 너무 많고 선을 행하는 사람은 매우 적기 때문입니다. 천하의 사람이 좋아지기를 바란다면 먼저 자기부터 실천해야 할 것이며, 세간의 모든 사람이 고통이 없기를 바란다면, 또한 먼저 자기 자신부터 행해야 합니다.

어떻게 행해야 합니까? 자기가 먼저 "모든 악은 짓지 않고, 착한 일을 많이 받들어 행하는〔諸惡莫作, 衆善奉行〕" 것입니다. 이렇게 하면 세간의 겁운을 돌이킬 수 있으며, 세계에 조금이나마 도움이 될 수 있을 것입니다. 그대가 할 수 있는 착한 일을 하면서 자기의 책임을 다하고, 너무 많이 걱정하지 말아야 할 것입니다.

당신이 단지 '세상에 이렇게 많은 사람들이 고통스럽다니'하고 걱정하면서 매일 단지 '어떻게 할까?'라고 생각하기만 하면, 이것은 도움이 안 됩니다. 자신이 실질적으로 좋은 일을 해야 세상에는 좋은 사람들이 나날이 많아지고 나쁜 사람들은 하루하루 적어질 것입니다. 그러면 이 세계는 점점 좋아져서 사람마다 입을 것이 있고 먹을 것이 있으며, 머물 집이 있게 될 것입니다.

부처의 뿌리를 심는 땅(佛根地)

그러므로 세계가 좋아지기를 바란다면 반드시 "모든 악은 짓지 말고 많은 선은 받들어 행하는" 것입니다. 그러면 자연히 좋아질 것입니다. 소위 "착한 원인을 심으면 착한 결과를 맺고, 악한 원인을 심으면 나쁜 결과를 초래한다."라는 것입니다. 그대가 인삼을 심으면 장래 인삼을 수확할 것이며, 하수오를 심으면 장래 하수오를 거둘 것입니다. 인과는 바로 곡식을 심는 것과 같은 도리입니다.

먼저 내가 여러분에게 무슨 경계가 있으면 말해 보라고 하였는데, 나에게도 샌프란시스코에 있을 때 일어난 일이 하나 생각납니다. 한번은 귀의를 받는데 한꺼번에 대략 30여 명이나 되었습니다. 귀의를 받은 후 내가 그들에게 물었습니다.

"당신들은 왜 이렇게 많은 사람들이 와서 귀의를 하려고 합니까?"

그들은 이전에 산루(山鹿)의 신도였는데, 그들은 그(산루)에게 귀의하고 그를 믿게 되었다고 합니다. 이 산루라는 사람은 내가 막 샌프란시스코에 왔을 때 매일 와서 불법을 배운 적이 있습니다. 그 당시 나는 단지 일요일에만 법을 설하였으며, 자유롭게 강의했습니다. 그는 일요일마다 나에게 와서 배우기를 2년간 하였습니다. 산루는 내가 그에게 지어준 이름입니다. 원래 그의 이름은 예루(野鹿)였는데, 내가 그에게 산루(山鹿)라고 지어준 것입니다.

왜 그렇게 많은 사람이 그를 믿게 되었는가 하면, 그는 내가 있는 곳에서 2년간 불법을 배운 후 돌아가서 교주 노릇을 했습니다. 많은

염불, 극락으로의 초대

신도들이 모이고 그를 믿게 되었는데, 왜 그를 믿게 되었을까요?

왜냐하면 그는 대략 일백 몇 십만 달러의 돈을 가지고 있었기 때문에 그를 믿는 사람에게는 먹을 것을 주고, 심지어 머물 곳을 주고, 입을 옷은 더 말할 것이 없었습니다. 그에게 가면 의식주의 문제가 모두 해결되었기 때문에 돈이 없는 사람은 그를 믿게 되었습니다.

그는 돈이 많았기 때문에 많은 사람이 그를 가까이 하였으며, 신도가 고기를 먹고 싶어 하면 고기를 사 주고, 술을 먹고 싶어 하면 술을 사 주는 등 원하는 것을 다 들어 주었습니다. 일체의 계율 같은 것은 없으며, 계율을 중시하지도 않았습니다.

그가 사람들에게 자기는 깨달은 조사(祖師)라고 말하였기 때문에, 사람들은 "그가 깨달았느니, 과를 증득하였느니" 하면서 그를 가까이 하였습니다. 어리석은 사람들은 그를 따라 불법을 배우고, 어떤 약삭빠른 사람들은 그의 돈을 생각해서 따랐습니다.

어느 날 그의 제자 한 사람이 그를 따르기를 여러 해가 되어도 그가 죽지 않으니, 그가 계단을 내려갈 때 말하기를 "당신은 왜 아직까지 나에게 돈을 주지 않습니까?"라고 하면서 갑자기 그를 계단 아래로 밀어 버렸습니다. 이때 깨달았다는 조사가 말도 못 하고 떨어져 인사불성이 되고 말았습니다. 이 제자는 재빨리 그의 유언이라고 하면서 그의 돈은 누구에게 주고 다른 신도는 만나지 못하게 하였으며, 이렇게 그는 아무런 소리 소문도 없이 죽었습니다.

그를 따르던 일부 신도들은 그의 책을 출판하고, 조사라고 떠받들었습니다. 그러던 어느 날 그가 이러한 신도의 꿈에 나타나 말하기를 "내가 이전에 여러분에게 설한 불법은 궁극이 아니다. 당신들은 지금 모두 마땅히 삼보에 귀의하고, 모모라는 법사에게 가서 귀의할 것이며, 그를 따라 불법을 배우는 것이 옳다."라고 하였습니다. 그래서 그들 신도는 모두 나에게로 와서 등록하고 삼보에 귀의하여 다시 불법을 배우게 되었습니다.

여러분 보세요, 수행도 쉬운 것이 아니며, 진정으로 선지식을 만나는 것도 쉽지 않습니다. 산루는 자기도 불법을 이해하지 못하면서 사람들을 교화한다고 하다가 그렇게 되었습니다. 그래도 그는 약간의 양심은 있어서 자기가 제자들에게 미안한 것은 알고 지옥에 떨어지지 않도록 제자들을 빨리 삼보에 귀의하게 하였으니, 그런대로 괜찮다고 말할 수 있습니다. 산루의 제자들은 나에게 귀의한 연후에 산루가 그들을 귀의하게 하였다고 말했습니다.

세상의 모든 것은 묘법을 연설하고 있습니다. 산은 산의 묘법을 연설하고, 바다는 바다의 묘법을 연설하고, 강은 강의 묘법을 설하고 있으며, 평지는 평지의 묘법을 설하고 있습니다. 소위 유정(有情)과 무정(無情)이 모두 법을 설하고 있습니다. 사람은 사람의 법을 설하고, 개는 개의 법을 설하고, 고양이는 고양이의 법을 설하고 있습니다.

일체의 만사 만물이 그곳에서 법을 설하고 있습니다. 고양이는 쥐를 잡아먹으려고 하는데, 그것은 고양이가 이전 생에 살생을 좋아하여

염불, 극락으로의 초대

금생에서도 여전히 살생하기를 원하기 때문입니다. 호랑이도 그의 묘법을 연설하고 있습니다. 여러분이 고양이와 호랑이가 살생하는 것이 (그들의) 법을 설하고 있는 것임을 이해한다면, 그들의 살생 행위를 배우지 않을 것입니다.

개는 무엇 때문에 개가 되었습니까? 개는 탐하면서 놓지 못하기 때문에 사람의 집 문을 지키면서 사람이 오면 짖습니다. 그는 왜 사람을 물려고 합니까? 바로 그러한 간탐(慳貪)의 성질을 표현하는 것입니다.

개는 잘 알지 못하는 낯선 사람은 좋아하지 않기 때문에 언제나 물려고 합니다. 사람들이 그의 재물, 그의 보배를 훔치려는 것을 두려워하기 때문에 언제나 문 입구를 지킵니다.

따라서 개는 재물을 지키는 노예라고 말할 수 있습니다. 마치 사람이 돈이 있으면 아까워하면서 한 푼도 남에게 주기를 싫어하는 것과 같습니다. 그에게 보시를 하게 하면 그는 심하게 반대합니다. 마치 중국인이 돈을 자식에게 물려주려는 것과 같이 한평생 말이 되고 소가되어 약간의 돈을 벌면 곧 자녀에게 주는데, 이것은 매우 어리석은 행위입니다. 그래서 소위 "자손은 각자 자손의 복을 가지고 있으니, 자손의 말과 소가 되지 말라."고 하는 것입니다.

서양 사람은 어떻습니까? 중국인보다는 많이 총명하여 많은 돈을 자식에게 물려주지 않고 돈을 남겨 보시를 합니다. 이렇게 하면 내생에는 더욱 부귀해지고 더욱 돈이 많아질 것입니다. 그러면 어떤 사람은 말하기를 "나는 내생을 믿지 않아!"라고 한다면, 내생을 말하지 말고 내일을 말해 봅시다. 당신은 내일이 있다는 것은 믿습니까? 어제가 있었다는 것은 믿습니까?

당신이 멀고 긴 시간을 믿지 못하기 때문에 나는 그것을 단축시켜 말하는 것입니다. 어제는 바로 전생이며, 금생은 지금 현재를 말하며, 내일은 당신 미래의 생입니다. 당신이 '이런 것을 왜 몰랐을까'라고 말한다면, 당신이 일찍 알았더라면 벌써 성불을 했을 것입니다. 당신이 흐리멍덩하게 무량겁 이래로 지금까지 전생이 있었다는 것도 모르고, 내생이 있다는 것도 몰랐기 때문에 전도된 일을 저지르고 재물을 지키는 노예의 일을 한 것입니다. 마치 개가 사람들이 재물을 훔쳐 갈까 두려워 힘써 문 입구를 지키는 것과 같은 것입니다.

부처님 재세 시에 이런 일이 있었습니다. 부처님께서 어떤 거사의 집에 공양을 받으러 갔는데, 그 집에서 기르던 개는 밤낮으로 침대 밑을 지키고 있으면서 어떠한 사람도 접근하지 못하게 했습니다. 거사의 가족들이 접근하면 물지 않지만, 밖에서 온 모르는 사람이 접근하면 물려고 하였습니다. 심지어 부처님께서 오셨는데도 그 개는 침대에 접근하지 못하게 하였습니다. 그 집 가족이 부처님을 무는지 안 무는지를 고의로 시험을 해보았는데, 마찬가지로 부처님도 물려고 하였습니다. 그 집의 사람이 무슨 인연으로 저렇게 하는지를 부처님께 물었습니다.

부처님께서 다음과 같이 말씀하셨습니다.

"그대는 아시는가? 이 개의 전생은 바로 당신의 부친이네. 당신의 부친은 일생 대략 삼백 냥의 황금을 벌어서 그것을 매우 아꼈다네. 그가 살아있을 때 황금을 침대 밑에 묻어 두었는데, 병이 들어 죽을 때까지 그런 사실을 가족들에게 알리지 않았다네. 그래서 그는 죽은 후 빨리 돌아와 개가 되어 황금이 묻힌 위에서 쭈그리고 지키는 것이라네. 당신이 믿지 못하겠다면 땅을 파보게, 황금은 그곳에 있을 것이네."

가족들이 부처님의 말씀을 따라 그 개를 다른 곳으로 옮기고 땅을 파보니, 과연 삼백 냥의 황금이 발견되었습니다.

이러한 이야기가 증명하듯이, 사람이 간탐하는 마음이 있으면 개가 되기 쉽습니다. 그러므로 개는 그곳에서 개의 법을 설하고 있으며, 고양이는 고양이의 법을 설하고 있으며, 우리 사람은 사람의 법을 설하고 있는 것입니다. 따라서 세상의 모든 것은 그것이 말하려는 법을 설하고 있으면서 그대가 알아차리는지 알아차리지 못하는지를 보는 것입니다. 당신이 알아차리면 그것은 곧 법을 설하여 당신이 이해한 것이고, 알아차리지 못하면 당신은 그곳에서 꿈을 꾸는 것이며, 당신은 흐리멍덩한 것입니다.

출가인은 출가인의 법을 설하고 있으며, 재가인은 재가인의 법을 설하고 있으며, 남자는 남자의 법을 설하고, 여자는 여자의 법을 설하고 있습니다. 당신이 만약 알아차리지 못하면 미혹되는 것이고, 알아차리면 깨닫는 것입니다. 지옥, 아귀, 축생, 아수라, 인간, 천상의 육도와 성문, 연각, 보살, 부처의 사성, 즉 십법계(十法界)가 모두 각각의 법을 연설하고 있습니다.

사람을 예로 들어 말하자면, 눈이 있는 사람은 눈이 있는 사람의 법을 설하고, 눈이 없는 사람은 눈이 없는 사람의 법을 설하고 있습니다.

왜 눈이 없습니까? 왜냐하면 전생에 남을 깔보고 얕보았기 때문에 금생에 눈이 없게 된 것입니다. 왜 귀가 들리지 않습니까? 그는 전생에 남의 일에 참견하여 무슨 일이든지 몰래 남의 말을 들으려고 하였기 때문입니다. 왜 말을 못 하나요? 왜냐하면 그는 힘써 남의 시비를 많이 말하였기 때문입니다.

그러므로 여러분은 누구를 막론하고 무슨 일을 보면 이 모두 법을 설하고 있는 것을 이해해야 할 것입니다. 당신이 이해하지 못하면 그것은 바로 꿈을 꾸는 것입니다. 따라서 모든 것은 인과(因果)가 있는 것입니다.

여러분은 이 세계가 어떻다고 걱정하지 말아야 할 것입니다. 사람마다 그러한 원인을 심어서 그러한 결과를 맺게 된 것입니다. 만약 내가 상세하게 이야기하면 아마 여러분은 즐겁지 못할 것입니다. 앞을 보지 못하는 사람은 바로 옷을 벗고 춤추는 것을 보거나 영화, 연극 등을 너무 많이 보았기 때문이니, 이런 이야기를 들으면 많은 사람들이 즐겁지 못할 것입니다. 모든 것은 그러한 인(因)으로 그러한 과(果)가 생기게 된 것입니다.

염불, 극락으로의 초대

아미타불의 원력은
쇠를 당기는 자석

|

아미타불은 마치 쇠를 당기는 자석과 같고,
일체중생은 쇠와 같아서 쇠는 자석을 만나면
반드시 이 자석에 흡수되는 것과 같습니다.

- 1975년 8월 23일(토요일 오후) 법문 -

상인 누구 이야기할 분이 있습니까?

제자 묻겠습니다. 극락세계에서 관세음보살이 성불하면 아미타불은 어느 곳으로 갑니까?

상인 그의 마음속으로 가지요. 또 무슨 문제가 있는 분이 있습니까?

제자 저희들이 극락세계에 왕생하면 그곳에서 줄곧 성불할 때까지 있습니까, 아니면 어느 정도 그곳에 있다가 다른 곳으로 갑니까?

상인 그곳에서 성불합니다. 상품 상생에 왕생하면 곧 성불하고, 하품 하생에 왕생하면 90대겁을 지내야 합니다. 며칠 전에 과동(果童)이 『아미타경』에 부처님의 이름이 같은 것을 물었는데, 이 부처님은 같은 명호가 얼마나 많은지 모릅니다. 극락세계에는 36만 억 11만 9천5백 동명동호(同名同號)의 아미타불이 있습니다. 극락세계에 그렇게 많은 아미타불이 계시면서 중생을 접인(接引)하고 계십니다.

어제 내가 아미타불은 마치 쇠를 당기는 자석과 같다고 설명하였는데, 일체중생은 쇠와 같아서 쇠는 자석을 만나면 반드시 이 자석에 흡수되는 것과 같습니다. 다른 부처님은 자석의 힘이 아미타불에 비하여 약간 작을 뿐입니다.

왜냐하면 아미타불은 48대원이 있는데, 이 48대원이 바로 자석의 힘입니다. 다른 부처님도 성불을 하셨지만, 48대원을 발하지 않으셨기 때문에 힘이 작습니다. 따라서 수도를 하는 데는 반드시 발원을 해야 하며, 원이 있으면 반드시 이루어집니다.

발원은 마치 앞에 있는 길가의 등불과 같은 것입니다. 당신이 길을 갈 때 등불이 길을 비추면 길을 가기가 훨씬 쉽습니다. 따라서 우리들은 도를 닦기를 모두 발원해야 할 것입니다.

염불, 극락으로의 초대

4

천도의
진실한 의미

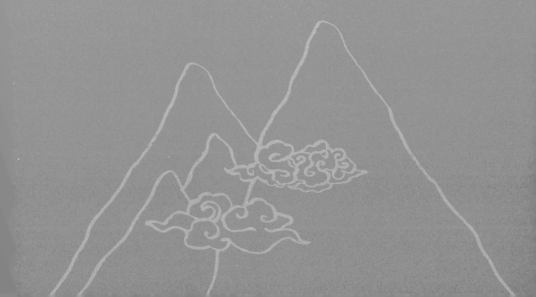

죽음의
고통

|

사람이 죽으면 신체는 사대(四大)가 분리되는 고통을
받아야 할 뿐만 아니라, 만약 세간의 모든 것에 집착을 놓지 못하면
마음의 고통은 신체가 받는 고통에 비하여 더욱 강합니다.

죽음은 유정(有情) 중생이 겪게 되는 가장 극심한 고통 중의 하나입니다. 왜냐하면 세상에 태어난 사람은 누구나 세간에서 죽음의 시기를 맞이해야 하기 때문입니다. 살아있는 우리들은 마땅히 '사망자를 위하여 어떻게 의미가 있는 일을 행해야 할 것이며, 그들을 위하여 어떻게 하는 것이 자녀가 마땅히 해야 할 도리인가?'를 고민해야 할 것입니다.

사람이 죽으면 신체는 사대(四大: 지대, 수대, 화대, 풍대)가 분리되는 고통을 받아야 할 뿐만 아니라, 만약 세간의 모든 것에 집착을 놓지 못하면 마음의 고통은 왕왕 신체가 받는 고통에 비하여 더욱 강합니다.

게다가 중음신(中陰身)의 경계 가운데서 가지가지의 혼란과 공포의 정경과 모습이 출현합니다.

이러한 경우 상당한 선정(禪定)의 공부가 없는 사람은 극심한 고통과 업식(業識)의 핍박을 받게 되며, 이런 상태에서 어떻게 청명한 지혜로써 허망한 생사의 큰일을 관조할 수 있겠습니까? 보통의 사람이라면 매우 어려우며, 설령 수행하여 선정의 공부가 있더라도 사람이 세상을 떠날 때 허망한 거짓의 모습을 간파(看破)하고 집착을 가볍게 놓는 일은 아마 매우 힘들 것입니다. 하물며 거의 대부분의 일반인은 단지 업을 따라 윤회할 뿐이며, 다시 사람이 될 기회는 너무나 미미하다 할 수 있습니다.

바로 불경에서 말씀하시는 바와 같습니다. "인간 세계(人道)의 중생이 죽은 후 다시 사람이 되는 자는 손톱 위의 흙과 같고, 악도에 떨어지는 자는 대지의 흙과 같다." 이것은 불경에서 하신 말씀으로서 금생에 사람의 몸을 얻고 다음 세상에 다시 사람의 몸을 받을 가능성은 마치 손톱 위의 흙과 같이 적으며, 악도에 떨어지는 경우가 매우 많다는 것입니다. 왜 이렇게 말하셨겠습니까?

우리들 각자가 어떤 법문을 닦는지를 막론하고, 만약 금생에 탐진치(貪瞋癡) 삼독을 끊고 제거하지 않으면 삼악도에 떨어질 가능성은 매우 높을 것이며, 천상에 오르는 것은 더 말할 필요가 없을 것입니다.

그러므로 이 문제는 불교도인 우리로서는 마땅히 깊이 생각해야

염불, 극락으로의 초대

할 문제이며, 금생에 노력하여 탐진치 세 가지를 해결할 수 있을 것인지를 스스로에게 물어봐야 할 것입니다. 만약 어느 날 정말로 임종의 시기에 이르러서야 비로소 이러한 문제를 반성한다면, 그때는 이미 너무 늦으며 후회해도 소용없게 됩니다. 사람이 이 세상에 태어나서 이렇게 죽음에 대하여 어찌할 수 없으니, 불경에서도 삼악도에 떨어질 기회가 대지의 흙처럼 많다는 것입니다.

그러므로 우리는 알아야 합니다. 내가 여러분의 수행을 얕보는 것이 아니라, 오늘 이 자리에 참석한 어떤 사람도 금생에 스스로 탐진치를 끊어 제거할 수 없으면 다른 것을 말해도 쓸데없는 일입니다. 그래서 사람이 죽은 후 다른 사람이 그를 도와 천도를 해주기를 기다리게 되는 것입니다.

왜냐하면 자기는 능력이 없어서 자녀들이 그를 도와 복을 지어주기를 기다리며, 송경(誦經)하고 복을 닦아(修福) 갖가지의 착한 일을 지어 망자(亡者)에게 회향해주어야 망자의 죄업이 감경되고 제도될 희망이 있기 때문입니다. 만약 가족들이 이러한 천도(遷度)의 도리를 완전히 몰라서 망자를 위하여 어떻게 해야 할지를 모른다면, 이러한 망자는 그 시간 동안 매우 위험하다는 것을 알아야 합니다. 이와 같은 정황 아래에서 우리는 천도의 문제를 제대로 알아야 할 것입니다.

천도의 진실한 의미

임종 시의 세 귀신

|

사람이 죽을 때 세 종류의 귀신이 오는데,

첫째는 탈혼귀(奪魂鬼)라고 하며, 우리들의 혼을 빼앗아 갑니다.

두 번째는 탈정귀(奪精鬼)라고 하며, 우리의 정신을 빼앗습니다.

세 번째는 박백귀(縛魄鬼)로서 우리의 혼백을 묶어가는 귀신입니다.

계속해서 말하자면, 사람이 임종하기 전에 세 종류의 귀신이 그 사람의 혼백을 잡아가기 위하여 옵니다. 이 세 귀신이 바로 우리들이 말하는 저승사자입니다. 그들이 와도 만약 그대에게 진정으로 수행이 있어 갈 시기를 미리 알고 몸과 마음이 자재하며, 가려고 생각하면 바로 갈 수 있는 경지에 이르렀다면, 이 세 귀신은 그대를 잡아갈 방법이 없을 것입니다.

그러나 만약 그와 같은 경지에 이르지 못했으면 당신은 세 귀신을 맞이해야 할 것입니다. 나는 오늘 그대들이 모르는 것을 알 수 있도록 소개하려고 합니다. 그렇지 않으면 때가 되어 저승사자가 와도 당신은 그들이 누구인지 모를 것입니다.

세 종류의 귀신 중 첫째는 탈혼귀(奪魂鬼)라고 하며, 전문적으로 우리들의 혼을 빼앗아 갑니다. 두 번째는 탈정귀(奪精鬼)라고 하며, 우리의 정신을 빼앗습니다. 세 번째는 박백귀(縛魄鬼)로서 우리의 혼백을 묶어가는 귀신입니다.

첫 번째, 탈혼귀는 우선 우리의 혼을 빼앗아 가는데, 바로 우리 몸의 혼이며, 여러분들이 말하는 영혼을 가리킵니다. 두 번째는 우리의 정(精)을 빼앗는데, 바로 우리의 정신을 뜻합니다. 여러분은 본 적이 있습니까? 왜 사람이 임종할 때 죽기 전부터 정신이 없게 되며, 침대에 누워서 스스로 일어나지 못할까요?

왜냐하면 우리의 정력(精力)이 없기 때문에 일어나지 못하는 것이며, 비록 육체가 있어도 정력이 없으면 단지 침상에 누워있을 수밖에 없습니다. 왜 이렇게 되는가 하면, 바로 탈정귀가 와서 당신의 정기를 빼앗아 가기 때문에 당신의 몸은 기력이 없게 변하며, 기력이 없으니 할 수 없이 누워 있을 수밖에 없는 것입니다.

그러므로 어떤 사람의 임종이 가까이 오면, 당신은 그 사람의 병이 위중함을 보고 그가 움직일 수 없으나 아직 죽지 않았고, 아직 호흡은 있으나 기력이 없는 것은 바로 탈정귀가 온 때문이라는 것을 알아야 할 것입니다.

그리고 이러한 사람도 있습니다. 죽기 직전에 이미 혼미하여 인사불성이 되는 사람이 있는데, 이것은 무엇 때문이겠습니까? 이것은 그의 혼을 빼앗겼기 때문입니다. 하지만 호흡은 아직 끊어지지 않고 있는데, 왜 호흡이 끊어지지 않는가 하면, 그것은 그의 백(魄)이 아직 몸 안에 있기 때문입니다.

이 백은 바로 불교에서 말하는 신식(神識)으로서 아직 신식이 가지 않고 몸 안에 있으면, 그는 아직 죽지 않은 것입니다. 이것은 껍데기는 있으나 그의 백은 없는 것이므로 혼미하게 되는 것입니다.

정(精)이 없으면 기력이 없어 움직이지 못하며 단지 백(魄)만 남아 있을 따름입니다. 최후에 이르면 백을 묶어가는 박백귀가 쇠사슬을 가지고 와서 죽을 사람의 백을 묶어 끌고 가는데, 그러면 이 사람은 곧 죽는 것이며, 이 단계에서 죽음이 확정되는 것입니다.

탈혼귀는 사람이 죽기 전에 그의 혼을 빼앗아 가며, 탈정귀는 그의 정기를 빼앗아 갑니다. 마지막으로 (박백귀가) 그의 백을 묶어서 끌고 가면, 그의 몸뚱이를 완전히 떠나게 되며, 의사는 그 사람이 사망했음을 선언할 수 있습니다.

그러므로 여러분은 이러한 사실을 이해해야 합니다. 어떻게 설명해야 모두가 이해할 수 있겠습니까? 마치 우리가 잠을 자면서 꿈을 꿀 때 도처로 가지만 이 몸뚱이는 마치 죽은 것 같은데, 무엇 때문일까요? 왜냐하면 그대의 혼이 나가서 여러 곳을 보지만, 그대의 신체는 잠을 자면서 움직이지 않기 때문입니다. 왜 움직이지 않을까요? 혼, 정, 백의 이세 가지가 모두 온전하지 못하기 때문이며, 만약 이 세 가지가 모두 온

전하다면 활동할 수 있습니다.

우리가 차를 타는 데 비유하자면, 만약 차가 몸뚱이라면 운전사가 없으면 그 차는 움직일 수 없는 것과 같습니다. 우리의 몸도 그와 같이 그대의 정과 혼을 빼앗기면, 이것은 몸의 주인이 없는 것과 같습니다.

그러나 당신의 몸에 아직 지각이 있으면 의식은 아직 있지만 움직일 수 없으며, 신체는 있고 정신이 없기 때문에 몸을 움직일 수 없는 것입니다. 따라서 사람이 임종할 때는 이러한 세 가지의 일을 직면해야 합니다. 최후에 이르러 그대의 혼백이 묶여서 끌려가는데, 어디로 끌려갈까요? 염라대왕이 있는 저승으로 끌려가서 심판을 받게 되며, 일생에 지은 선악의 일을 심판한 연후에 비로소 죄를 정하게 됩니다.

따라서 세속에서 말하기를 "사람이 죽으면 다시 살 수 없다."라는 것은 이러한 일기(一期)의 과보의 색신을 말하는 것입니다. 사람이 죽는다는 것은 색신의 수명이 멈추었다는 것을 뜻하며, 수명이 길든지 짧든지를 불문하고 당신의 목숨(命)이 지금에 이르러 하나의 기간이 끝났다는 것입니다. 그러나 사람의 신식(神識: 영혼)은 결코 죽지 않고 업력(業力: 업의 힘)과 염력(念力: 생각의 힘), 나아가 생전의 습기(習氣: 습관적으로 쌓여온 기운)를 따라서 다른 종류의 생명 형태로 바뀌어 다시 계속 되는데, 이것이 곧 윤회(輪回)입니다. 그러므로 사람이 죽으면 계속 윤회하는 것입니다.

천도의 방법

|

만약 그의 형제나 혹은 부모, 친척, 혹은 선지식 등
그의 친구들이 망자를 위하여 복을 닦아 주면,
이러한 망자는 곧 그 복의 7분의 1을 얻게 됩니다.

우리의 호흡의 기가 끊어져 태에 들기 전의 시간은 선과 악이 아직 심
판되지 않은 중음신의 단계로서, 망령(亡靈: 죽은 자의 영혼)이 느끼고 받
아들이는 힘〔覺受力〕은 살아있을 때보다 더욱 뛰어납니다.

만약 망자의 가족이 49일 이내에 그를 위하여 널리 착한 일을 많
이 닦고 많은 공덕을 지어 망자의 영혼으로 하여금 불법을 듣게 하여
참회의 마음이 생기게 하면, 스스로 그의 죄업을 감경시켜 악도에 떨
어지는 것을 면하게 할 수 있습니다. 사람이 죽은 후의 이 기간에 망자
의 느끼고 받아들이는 힘이 특별하게 강하다는 것은 그에게 작은 오신

통(五神通)이 있다는 것을 뜻합니다.

작은 오신통은 무엇을 뜻하느냐 하면, 누가 참으로 그를 도와주면 그는 모두 알게 되며, 비록 몸은 죽었지만 그의 의식(우리가 말하는 신식)은 죽지 않았다는 것을 말합니다. 그러므로 당신이 어떤 사람에게 청해 그를 위하여 경을 독송하여 천도하거나, 혹은 다른 좋은 일을 해주면, 자녀로서 누가 진정으로 효를 다하고 불효를 하는지 그는 명료하게 알게 되며, 누가 그의 재산을 탐하는지 그는 모두 알게 됩니다.

따라서 사람이 죽으면 다섯 가지 신통이 있어 생전보다 더욱 명료하게 알게 된다는 것을 명심해야 합니다. 그러나 망자는 직접 어떻게 해야 좋은지는 모르고 다른 사람이 그를 도와주기를 기다려야 합니다. 그래서 이 기간 우리는 불교에서 말하는 것과 같이 그를 위하여 좋은 일을 해주어야 할 것입니다.

그리하여 후인들이 망자를 기념하든가, 혹은 망자를 도와 의미 있는 일을 해서 망자에게 보답하는 것도 일종의 효도와 보은의 마음을 나타내는 것입니다. 따라서 불교에서 말하는 천도는 효를 으뜸으로 삼고 있습니다.

죽은 후에 다른 사람이 짓는 공덕으로 망자가 도대체 어떠한 이익을 얻을 수가 있습니까? 경전에서는 이렇게 말하고 있습니다.

『관정경(灌頂經)』에 이르기를 "만약 어떤 사람이 세상에 살아있을 때 불법승 삼보(三寶)를 알지 못하여 재계를 닦지 않았으며, 그것을 가르치는 좋은 스승도 없어 죽은 이후에 형제, 부모, 선지식이 그를 위하여 복을 지어주면, 7분 가운데 1분을 얻는다. 그러한 까닭으로 어른이나 부모가 (생전에) 죄를 지어 비록 지옥, 아귀 가운데 있더라도, 그의 인연이 지어준 복의 7분의 1을 얻어 죄를 가볍게 받을 수 있다.”

위의 경전 말씀을 간단하게 해석하면 다음과 같습니다. “만약 어떤 사람이 세간에 있을 때 불교에서 말하는 불법승 삼보를 알지 못하며, 또한 평소 재계를 닦는 것을 이해하지 못하고, 재계는 곧 계를 지니는 것으로서 팔관재와 같이 하루 재계를 지니는 것을 잘하지 못하고 잘 닦지 못하며, 또 지도하는 선지식을 만나지 못하여 인생의 진실한 모습〔眞相〕, 즉 사람이 세간에 사는 것은 도대체 무엇을 위함인가를 가르치는 사람이 없어 그렇게 살다가 세상을 떠났다면, 떠난 후 만약 그의 형제나 혹은 부모, 친척, 혹은 선지식 등 그의 친구들이 그를 위하여 복을 닦아주면, 이러한 망자는 곧 그 복의 7분의 1을 얻게 된다는 뜻입니다.”

　이것은 어떤 뜻입니까? 바로 경을 독송하는 것으로 말하자면, 경을 일곱 번 독송해 주어야 비로소 망자는 한 번의 독경 공덕을 얻는다는 것입니다. 당신이 어떤 좋은 일을 짓든지 간에, 즉 방생 등 여러 가지 좋은 일을 지으면 일곱 번을 지어야 망자는 단지 한 번의 공덕밖에 얻지 못한다는 것입니다. 그러므로 이것을 이해한다면, 정토 법문으로 말하자면 우리가 염불을 하려면 최소한 일곱 번을 해야 망자는 한 번의 염불 공덕을 얻습니다. 스님을 청하여 독경할 때 대부분 세 분 혹은 다섯 분을 청하는데, 이렇게 되면 한 분이 한 부의 경을 독송해도 최대

다섯 부밖에 되지 않아서 단지 살아 있는 사람만 공덕을 얻고, 망자는 한 부의 공덕도 얻지 못하게 된다는 것입니다. 따라서 어떤 좋은 일을 짓든지 간에 일곱 번을 해야 할 것이며, 스님을 청하여 참회법회를 하더라도 일곱 번을 해야 망자는 한 번의 공덕을 얻을 수 있다는 것을 알아야 합니다.

염불의
수승한 공덕

|

우리가 망자를 위하여 성심성의로 염불해 주면,
망자는 그러한 염불의 이익을 얻고 그러한 복을 얻게 되어
악도에서 벗어날 수 있으며, 위로 상승할 수 있습니다.

앞에서 제기한 이러한 문제를 어떻게 해야 할까요? 먼저 말한 것처럼
하려면 많은 돈을 들여야 하는 것이 아닌가요? 만약 가난한 보통 사람
이라면 망자는 괴로움을 받아야 할 것입니다. 그러나 정토 법문과 같
이 간단하고 직접적인 방법으로 하면, 돈을 들이지 않고도 얼마든지
공덕을 지을 수 있으며, 단지 마음을 쓰면 됩니다.

　　요즘 우리는 성심성의로 "나무아미타불"을 염하는데, 이러한 염
불 소리 중 일곱 번을 염하면 한 번의 염불은 망자에게 회향하게 됩니
다. 그러므로 생각 생각에 염불한다면, 망자는 그러한 염불의 이익을

얻고 그러한 복을 얻게 되어 악도에서 벗어날 수 있으며, 위로 상승할 수 있습니다.

이러한 까닭으로 우리의 가족 내지는 부모가 죄를 지어 비록 지옥이나 아귀 세계에 떨어진 경우라도 망자가 생전에 지은 죄업이 중하지 않고 가볍다면, 부모나 형제들이 복을 지어준 인연으로 그 공덕 가운데 7분의 1을 얻어 점차 악도에서 벗어날 수 있습니다.

그리고 여러분은 다음과 같은 사실을 이해해야 합니다. 만약 생전에 스스로 복을 짓지 못한 사람이 죽은 후에 가족이 그를 위하여 복을 지어주어야 한다면, 그의 생전에 지은 죄업이 가벼운지 무거운지를 보아야 할 것입니다. 만약 죄업이 무겁다면 여러분이 그를 위하여 복을 지어주면, 그의 무거운 죄업이 점차적으로 가볍게 되며, 가벼워진 후에도 계속해서 위로 향상하게 됩니다.

비유하자면 지옥에도 여러 층의 지옥이 있다는 것을 알아야 합니다. 『지장경』에서는 18층의 지옥이 있다고 하는데, 만약 그의 죄업이 중하여 맨 밑의 18층 지옥에 있다면 가족이 그를 위하여 복을 닦아주면 17층으로 올라갈 것이며, 계속해서 복을 지어주면 1층으로까지 올라갈 것입니다. 계속 천도를 해주면 지옥을 벗어나 아귀도로 올라오고, 아귀도에서 다시 축생도로, 축생도에서 다시 상승하면 인간세계로 올 것이며, 인간에서 다시 상승하면 바로 천상세계로 올라가게 됩니다. 따라서 천도는 어떤 때는 한두 번의 일에 그칠 것이 아닙니다. 이것은 불법이 능력이 없어서가 아니라 중생의 죄업이 무겁기 때문입니다.

천도의 진실한 의미

그래서 어떤 사람은 "매년 천도재에 등록하는데 왜 나의 부모님은 천도가 되지 않는가?"라고 말하는데, 바로 이러한 원리에 의한 것입니다. 우리 출가인이 당신을 속이는 것이 아니라, 또한 석가모니 부처님께서 말씀하신 경전에 문제가 있는 것이 아니라, 중생이 지은 업이 너무 중하기 때문입니다. 이것은 마치 사람의 병과 같은 것으로 설명할 수 있습니다. 만약 어떤 사람이 암에 걸렸다고 한다면, 단지 한 번 약을 먹었다고 회복이 됩니까?

그대 생각은 어떻습니까? 암과 같은 중병에 걸렸으면 계속해서 약을 먹어야 하며, 어떤 때는 2년, 3년, 5년간 약을 먹어야 비로소 점차적으로 회복되는 것과 같이 천도(薦度)의 원리도 이것과 같은 것입니다. 우리들 각자가 이 세간에서 짓는 죄업의 경중은 우리 범부들로서는 명료하게 이해할 수 없습니다.

우리의 부모가 지은 죄업이 무거운지 가벼운지를 알려고 하면, 하나의 일로써 설명하자면, 살생을 한 적이 있는지 없는지, 그리고 얼마나 많이 살생을 하였는지를 보면 알 수 있을 것입니다. 여러분은 이러한 숫자를 계산해보면 알 수 있을 것입니다. 만약 살아 있을 때 삼보를 믿지 않고 삼보를 훼방하였거나, 불법을 믿지 않은 경우 이러한 죄업은 더욱 가중될 것입니다.

따라서 우리가 천도를 해주는 것은 천도를 해주는 우리의 문제가 아니라 상대방의 문제인 것입니다. 만약 당신에게 수행이 있고 증득이 있거나, 또한 사리를 이해한 사람을 청하여 망자를 위하여 천도를 해

준다면, 망자가 얻을 이익은 비교적 높을 것입니다.

그러나 만약 형식상의 수행을 한 사람을 청하거나, 사람을 속이는 사람을 청하여 천도를 하면, 도리어 망자는 이익을 얻지 못하게 됩니다. 이것은 불법에 이익이 없는 것이 아니라 천도를 하는 당사자의 문제로, 우리는 이러한 것을 이해해야 할 것입니다.

|

천도를 해서 망자가 이익을 얻게 하고, 최대의 이익을 얻는 것은
염불만 한 게 없습니다. 이 염불 법문은 보기에는 간단한 것 같지만,
실제로는 경을 독송하는 것에 비하여 매우 수승합니다.

오늘 내가 이곳에서 '천도의 진실한 의의'에 대해 말하는 것은 남이 하
는 것이 어떻게 이상적이지 않은가를 비판하려는 것이 아니라 사실을
말하려는 것입니다. 그래서 이러한 도리를 여러분은 먼저 이해해야 할
것입니다. 사람이 세상을 떠나면 다른 사람을 의지해야 하는 것이 이
와 같은 이치 때문입니다.

　요 며칠 연속해서 이러한 도리를 설명하는데, 그러나 만약 사실의
진상을 말해서 듣기에 좋지 않은 말을 하게 되면 많은 사람의 기분을
상하게 할 것이며, 특히 출가인을 기분 나쁘게 할 것입니다. 말을 하지

않으면 또 여러분에게 미안할 것이고, 말을 하면 또 나 자신에게 미안할 것입니다.

사실을 이야기하여 여러분이 알게 되면 나 자신에게 미안하고, 그래서 나는 어떻게 하는 것이 좋은지 모르겠으니, 여러분이 나를 돌보면 되겠습니다. 왜냐하면 천도에 관한 사실을 이야기하려고 해도 몇 분의 법사 스님들은 말하기를 원하지 않습니다. 사실을 이야기하려니 입을 떼기가 매우 어렵고 어느 편에 서는 것이 좋을지 모르기 때문입니다.

출가인의 체면을 생각하자니 여러분 재가인을 도외시하게 되고, 재가인을 생각해서 사실을 말하자니 또 출가인을 저버리게 되며, 그러면 출가인은 또 나를 조준하게 될 것입니다. 듣기에 좋지 않은 말을 해서 남들의 쌀(즉 생계수단)을 쏟아 버리면, 다른 스님들은 매년 이 시기를 의지해서 살아가는데 내가 그들의 쌀을 엎어버리게 되는 것이니, 내가 죽지 않으면 누가 죽겠습니까?

그래서 이러한 천도의 도리를 이야기하자면 입을 열기가 매우 어렵습니다. 그러나 또한 방법이 없습니다. 왜냐하면 세속인들은 많은 일을 해서 망자를 도우려고 하지만, 어떻게 해야 망자를 위한 것인지를 모르기 때문입니다.

돈을 들이는 것은 작은 일입니다. 하지만 진실로 망자를 돕는 것이 우리의 목적이고, 중요한 것은 여기에 있으므로 나는 하는 수 없이 생각하고 생각해서 말하기로 결심하게 된 것입니다. 죽어도 한 번 죽으면 그만인지라 이번 7일 동안에 천도의 진실한 도리를 힘써 설명하는 것이니, 여러분도 주의 깊게 들을 것이며, 들은 후 여러분이 어디로 가든지 이러한 가르침을 따라 공덕을 지으면, 망자, 즉 여러분의 부모나 조상은 반드시 이익을 얻게 될 것입니다.

나는 사실에 따라 경전의 근거를 인용하여 여러분에게 설명하여 어떻게 해야 하는지를 가르치고 있는데, 이것은 나에게 구하는 것이 아니고 나는 도리를 설명하는 것입니다. 어떤 사람은 '사람이 죽으면 귀신이 되는 것은 바꿀 방법이 없는데, 무슨 천도가 필요한가?'라고 생각합니다. 또 어떤 사람은 "사람은 죽으면 천도가 필요한가? 모두 귀신이 되는데, 천도할 방법이 있는가?"라고 말하기도 합니다.

그러나 누가 알았겠습니까? 사람이 죽어서 반드시 귀신이 되는 것은 아니며, 그의 업력을 따라 육도의 세계로 들어가는데, 이와 같이 윤회함을 그치지 않습니다. 따라서 만약 삼보에 귀의하여 악을 끊고 선을 닦으며, 계를 받고 지심으로 정토왕생을 구하면, 스스로 삼계를 문득 벗어나고 생사에서 벗어나게 됩니다.

만약 여러분이 지성으로 염불하여 망자에게 회향하여 주면, 왕생하지 못한 자는 왕생할 수 있으며, 이미 왕생한 자는 왕생의 품위가 높아지게 될 것입니다.

그러므로 우리가 천도를 하는 데 있어서 만약 우리의 조상이 아직 극락세계에 왕생하지 못했으면, 이러한 천도의 과정과 법회에서 염불하는 가운데 망자는 정토왕생을 얻을 수 있으며, 혹은 어떤 사람은 이미 왕생하였어도 여러분이 계속해서 그를 천도재의 명단에 등록하면, 왕생의 품위가 높아져서 하루빨리 불도를 이룰 수 있을 것입니다. 그러므로 천도해 주는 것은 망자에게는 매우 큰 이익이 될 것입니다.

따라서 우리는 자식 된 도리로서 우리 부모의 양육의 은혜에 보답하는 것이 되므로 이렇게 천도해 주는 것은 절대로 낭비가 아니며, 또한 시간을 늦추어서도 안 됩니다. 절대로 낭비가 아니며 반드시 이익이 있을 것입니다. 단지 그를 위하여 천도를 해주면 그는 반드시 이익을 얻을 것입니다.

따라서 우리들은 이러한 도리를 가족으로서 반드시 알아야 합니다. 설령 오래 수행하여 계율을 엄하게 지닌 사람도 임종 시에 업장(業障)의 경계가 현전함으로 인하여 바른 생각을 잃게 되면, 삼계를 벗어나지 못할 뿐 아니라 심지어 삼악도에 떨어지게 됩니다. 그러한 경우가 실로 얼마나 많은지 모릅니다.

우리는 경전 속에서 혹은 옛 고승 대덕의 전기 속에서 많은 예를 볼 수 있습니다. 보기에는 대수행자 같지만 삼악도에 떨어지는 사람도 매우 많았습니다. 이러한 예도 많은데 하물며 일반 범부들인 우리는 더 말할 필요가 없을 것입니다.

그래서 진정으로 수행을 성취한 사람을 의지하여 사람이 죽은 후 49일 이내에, 혹은 돌아가신 지 오래된 선망조상을 천도하고 법문해서 그들로 하여금 당장에 생사의 허깨비 같은 모습을 간파하여 법성

(法性)으로 돌아가든지, 혹은 정토에 왕생하게 해야 할 것입니다. 돌아가신 분이 생전에 불교도가 되었든지, 혹은 불법에 대하여 이미 어느 정도 수행을 갖춘 분이든지를 막론하고, 실로 그들을 천도할 필요가 있습니다.

그러므로 우리는 이러한 도리를 반드시 알아야 합니다. 사람이 이 세상에 태어나 죽으면 이와 같으니, 단지 경을 독송하면 천도되는 것이 그렇게 간단한 것이 아닙니다. 만약 망자가 도리를 이해하지 못하면 이익을 얻지 못할 것이며, 그러면 망자는 이러한 천도의 기회를 잃어버리게 될 것입니다.

오늘 무엇 때문에 이러한 천도법회를 거행하나요? 요즘으로 말할 것 같으면 이러한 천도의 법을 아는 사람이 얼마나 되겠습니까?

내가 본 대부분의 천도는 독경(讀經)이 비교적 많지만, 우리가 거행하는 이 법회는 독경은 없고, 단지 망자에게 법문을 하여 이해하게 한 다음에 염불을 하여 아미타불의 자비원력을 구하며, 이 망자의 혼령을 인도하여 극락세계에 왕생하게 합니다.

따라서 나는 여러분이 먼저 이해해야 한다고 말하는 것입니다. 천도를 해서 망자가 최대의 이익을 얻는 것은 염불만 한 게 없습니다. 이 염불 법문은 보기에는 간단한 것 같지만, 실제로는 경을 독송하는 것에 비하여 매우 수승합니다.
왜 이렇게 말하겠습니까? 인광(印光) 대사가 말한 것과 같이 독경을 하는 사람은 독송하는 것이 매우 빠르며, 그렇게 독송하지 못하는 사람은 서서 남이 하는 독송을 보고만 있게 됩니다. 그래서 모두의 마음이 합치되지 못하니 망자는 이익을 얻기가 어려우며, 심지어 경을 독송하는 어떤 사람은 경전이 무엇을 말하는지 알지 못하고, 단지 맡은 경을 읽기만 하면 나의 책임은 완수하게 된다고 생각하며, 망자가 이익을 얻고 얻지 못함은 그의 일이라고 생각하는 것입니다. 이러한 갖가지의 문제가 있으므로 우리는 어떻게 망자를 위해야 하는지를 이해해야 합니다.

그래서 우리가 부처님의 명호를 취하여 글자를 알든지 모르든지, 염불하기를 원하든지 원하지 않든지, 법회 장소에 나와서 그대의 마음에 염불 소리를 따라 염하게 되면, 망자는 곧 이익을 얻게 되는 것입니다.

그러므로 간단하고 직접적인 쉬운 방법을 취하여 모두가 합심하여 힘을 모으고, 또한 일심으로 자기의 친한 사람을 천도하려고 생각하면, 아미타불은 자비의 원력으로 반드시 그 법회에 강림할 것입니다. 그 법회에 오셔서 가피를 주시면 망자는 아미타불의 인도를 얻어 극락세계에 왕생할 수 있을 것입니다. 직접 극락세계로 가는 것이며 천상세계로 올라가는 것은 아닙니다. 만약 그대가 성심성의로 효심(孝心)을 내어 망자를 위한다면, 그대는 친히 망자가 연꽃에 앉아 상승하는 것을 보게 될 것입니다.

나는 최근 몇 년 동안 몇 번의 천도법회를 한 적이 있습니다. 금년에 홍콩에서 두 번 하였고, 작년에 이곳에서 한 번 거행하였는데, 많은 가족들이 나에게 편지로 알리거나, 직접 찾아와서 말하기를, 그 천도 법회를 정말로 감사하게 생각한다고 하였습니다. 그들은 그의 부친과 모친이 연꽃에 앉아 상승하는 것을 친히 보았다고 하였으며, 이것은 사실입니다.

그래서 나는 여러분에게 드리고 싶은 의견이 하나 있는데, 오늘 여러 분은 나에게 이러한 능력이 있는 게 아니라는 것을 알아야 합니다. 나는 범부이며 수증(修證: 닦아서 증득함)이 있는 사람이 아닙니다. 내게는 남을 도와 천도를 해줄 자격이 없다는 것을 알아야 합니다. 나도 아미 타불께서 나를 천도해 주시기를 기다리는데, 내가 어떻게 여러분을 도와 천도를 해줄 수 있겠습니까?

사실 오늘의 이 법회는 완전히 아미타불의 원력으로 우리의 친족 인 망자를 도와서 극락세계에 왕생하게 하는 것입니다. 아미타 부처님 께서 오셔서 천도를 해주시는 것이지, 내가 천도를 하는 것이 아니라 는 것을 아셔야 합니다.

나는 단지 이러한 인연을 빌려 여러분을 위하여 아미타불의 자비 심과 아미타불의 큰 원력으로 어떻게 우리의 가족을 천도하는지에 대 해 말씀드리는 것뿐입니다. 만약 그대들에게 진실한 마음이 있으면 천 도되는 것을 볼 수 있을 것입니다.

금년에 나는 말레이시아의 쿠알라룸푸르시에서 3일간 이러한 천도법회를 연 적이 있는데, 많은 사람들이 자기의 가족과 조상들이 극락세계에 왕생하는 것을 친히 볼 수 있었습니다.

그리고 이 법회는 단지 삼악도(지옥, 아귀, 축생)의 중생만 와서 참가하는 것이 아니라, 천상의 천인을 포함해서 육도의 중생까지 모두 와서 참가합니다. 어떤 천안(天眼)을 타고난 사람들은 직접 천인들이 내려와 공중에 서 있고, 망자는 지상에서 함께 천도법회에 와서 참가하는 것을 보기도 하였답니다. 이것은 어떻게 된 일인가요? 그들도 직접 그런 광경을 보고 이상하게 생각하여 나에게 물었습니다.

"어째서 천상의 천인도 내려옵니까, 이것은 도대체 무슨 원인입니까?"

이러한 천인들이 왜 이 법회에 와서 참가하는가 하면, 만약 이 법회가 천상의 사람들에게 아무런 이익이 없으면 절대로 참가하지 않을 것입니다. 그런데 이 천인들은 누구인가 하면, 바로 여러분의 조상들입니다.

어떤 사람이 불교의 의궤에 따라 망자를 위하여 천도를 하면, 망자가 얻는 복의 과보가 매우 커서 천상으로 올라갑니다. 그러나 천상의 복은 다 누리고 나면 다시 떨어지기 때문에 궁극이 아니므로 오늘 여러분들은 가족들을 다시 계속해서 등록하여 천도를 해 주어야 할 것입니다. 그러면 그들은 이 법회가 그들을 많이 도울 것이라는 사실을 압니다. 그래서 그들이 법회의 현장에 와서 참가하는 것입니다. 만약 그들이 이익을 얻을 수 없다면 반드시 올 필요가 없을 것이며, '차라리 천상에서 천복을 누리는 것이 낫지 인간 세상에 와서 무엇을 할 것인 가'라고 생각할 것입니다.

그러므로 법회 장소에서 우리는 염불하고 법문도 하여 천인들이 불법을 이해할 수 있게 하는 것입니다. 그래서 오늘 아침 나는 망자를 위하여 육도 윤회에 대하여 법문을 한 것입니다.

무엇 때문에 그렇게 상세하게 법문하였는가 하면, 이 법회에는 육도의 중생들이 많이 오기 때문에 그들의 처한 경계가 도대체 어떠한 것인가를 알게 하려는 것입니다. 만약 그들이 어느 세계에 있는지를 알고 깨우치게 되어 즉시 염불하면 곧 극락세계에 왕생할 수 있을 것입니다. 따라서 어떤 사람은 천인이 아미타불의 큰 연꽃 위에 앉아서 위로 올라가며, 그런 연후에 아미타불께서 접인하여 가시는 것을 보기도 하였습니다.

이전에 어떤 사람은 아미타불께서 가져오신 큰 연꽃이 도대체 얼마나 큰지를 보게 되었는데, 그때 내가 주재하고 있던 법회 장소인 운동장 전체 크기만큼이나 컸다고 하였습니다. 그 당시 망자 전부는 작은 연꽃에 앉아 위로 올라가서 큰 연꽃으로 들어간 연후에는 보이지 않았으며, 마지막에는 큰 연꽃이 꽃잎을 닫고 올라가는 것을 보았으며, 모든 과정은 15분 정도였다고 하였습니다. 이것은 환상이 아니고, 직접 눈으로 본 것입니다. 아미타불이 친히 나타나셔서 3일간의 법회에 3일 전부 오신 것입니다.

그리고 또 다른 수승한 감응이 있는데, 어떤 감응인지 특별히 여러분

염불, 극락으로의 초대

에게 들려주겠습니다. 정토를 수행하는 어떤 신도가 나에게 말한 내용입니다.

그는 불법을 배우기 전에 살생을 좋아하였는데, 무엇을 죽이기 좋아했는가 하면, 개에 붙어사는 이를 죽이기 좋아하였으며, 이를 보기만 하면 손톱으로 눌러 죽였답니다. 지금은 불법을 배우고 법문을 듣지만, 지금까지 이러한 미물(微物)도 천도를 할 수 있다는 것을 들어보지 못했는데, 시험 삼아 등록하여 자기에게 죽은 모든 이의 위패를 적었습니다.

당시 그는 나의 법문을 듣고 성심성의로 염불하였으며, 그다음 날 갑자기 그의 눈앞에 연꽃이 출현한 것입니다. 그는 당시 부처님께 절을 하고 있었는데, 하나의 연꽃이 출현하였으며, 그 분홍색 연꽃 위에 사람이 보이지 않아 자세히 보니 이가 가득 들어있었다고 합니다. 그 연꽃은 하늘로 올라가더니 아미타불의 큰 연꽃으로 들어간 후 보이지 않았다는군요. 이런 모습을 본 다음 미물인 이도 천도가 되는구나 하고, 그는 안심하였다고 합니다. 그러므로 이러한 것은 나의 능력이 아니라 여러분의 참된 성심(誠心)이며, 아미타불의 원력으로 이루어진 것입니다.

그리고 망자의 혼령이 어떻게 죽었는지를 막론하고 천도될 수 있습니다. 말하자니 마치 불가사의한 것 같지만 이것은 사실이고 환상이 아니며, 친히 눈으로 본 것입니다. 이렇게 얻기 어려운 인연을 만나 만약 이익을 얻을 수 없으면, 망자들은 절대로 참가하지 않을 것입니다. 사람들은 어째서 우리가 이러한 천도법회를 거행하는지 잘 모르는데, 망자들이 이러한 천도의 기회를 가질 수 있게 돕는 것입니다.

가장 중요한 것은 우리들이 스스로 진정한 성심을 보여야 비로소 망자가 감동한다는 점입니다. 아미타불의 자비의 원력은 절대로 문제가 생기지 않습니다. 문제는 곧 우리에게 있습니다. 어떻게든 발심하여 과거 생에 우리에게 살해되었거나 자기도 모르게, 혹은 본의 아니게 죽인 중생이거나, 내지 우리의 돌아가신 가족이거나 간에, 당신이 그들을 위하여 도와주면, 그들도 마찬가지로 이익을 얻을 수 있습니다. 설령 이익을 얻지 못하더라도 그들의 죄업을 경감시킬 수 있습니다.

우리가 알 수 있는 것은 복을 닦는 것은 두 번째이고,

염불이 첫 번째라는 사실입니다.

이 두 가지를 함께 행한다면

망자의 영혼은 곧 천도될 수 있을 것입니다.

내가 알고 있는 사실을 하나 여러분에게 들려드리겠습니다. 과거 구원 겁 전의 어느 세상에 바라문의 딸이 있었는데, 그녀의 모친은 삿된 것을 믿고 항상 삼보를 경시하였습니다. 모친은 죽은 후에 지옥에 떨어져 많은 고통을 받았습니다. 바라문의 딸은 돌아가신 어머니를 천도하기 위하여 집의 재산을 팔아서 향과 꽃을 부처님 전에 공양하고, 거룩한 불상을 우러러보면서 지극한 마음으로 "각화정자재왕여래"를 염하였습니다.

그녀의 어머니는 효녀의 공양과 염불의 공덕을 받아 지옥에서 벗

어나 천상에 나게 되었습니다. 여기서 효녀가 어머니를 위하여 복을 닦고 추모한 것이 바로 천도(薦度)의 뜻입니다. 『지장경』의 기록에 의하면, 바라문의 딸은 바로 지장보살의 전생으로서 아직 보살을 이루기 전이었습니다. 그녀가 어떻게 그녀의 모친을 위하였는가 하면, 가장 중요한 것은 염불이고, 그다음은 불전에 공양을 올린 것이며, 이러한 인연으로 모친을 천도할 수 있게 된 것입니다.

『지장경』에서 또 말씀하시기를 지장보살은 과거 무량겁 전에 광목의 딸이었는데, 그녀의 모친은 물고기와 자라를 먹는 것을 좋아하였습니다. 그래서 많은 살생을 하게 되었고, 또한 삼보(三寶)를 훼방하고 욕하는 두 가지의 업을 지었으며, 그런 악업으로 인하여 죽은 후 지옥에 떨어져 극심한 고통을 받게 되었습니다.

그 당시 한 분의 아라한이 계셨는데, 광목의 딸에게 지성심으로 "청정연화목여래"를 염하게 하였으며, 아울러 부처님의 상호(相好)를 조각하고 그림으로 그리게 하였습니다. 즉 사람을 청하여 불상과 불화를 조성하게 한 것입니다. 광목의 딸은 가르침을 따라 봉행하였으며, 그러한 복력에 의하여 그의 어머니를 천도하여 지옥에서 벗어나 인간에 태어나게 하였습니다. 그녀의 어머니는 다시 생사를 전전하여 후에는 불과(佛果)를 이루었습니다.

바라문의 딸과 광목의 딸은 효심이 깊고 간절하여 돌아가신 모친을 천도하기 위하여 집의 재산을 팔아서 부처님 전에 공양하였고, 또한 부처님의 명호를 염하였으며, 이러한 공덕으로 모친을 구제하여 지

염불, 극락으로의 초대

옥을 벗어나게 하고, 천상에 나게 한 것입니다. 이것은 효녀가 복을 닦고 천도한 모범으로서 우리들이 길이 본받을 만한 일입니다.

따라서 오늘 우리는 어째서 염불의 방법으로 우리의 조상을 천도하는가에 대하여 경전의 내용을 살펴보았습니다. 경전에서 기록하고 있듯이, 지장보살이 우리에게 가르치시기를, 천도하는 데 염불의 방법을 사용하게 한 것입니다. 염불은 직접적이고 간단하게 그의 모친을 지옥에서 벗어나게 하였습니다.

두 번째는 바로 과일과 향화(香花)로써 부처님께 공양 올리는 것입니다. 여기에서 우리가 알 수 있는 것은 복을 닦는 것은 두 번째이고, 염불이 첫 번째라는 사실입니다. 이 두 가지를 배합하여 함께 행한다면 망자의 영혼은 곧 천도될 수 있을 것이며, 우리는 이러한 도리를 이해해야 할 것입니다.

여기에 이르러 다시 말하건대, 어떤 사람은 잘못된 생각을 가지고 있습니다. 무엇인가 하면, 불교는 자비로운 종교로서 남들을 도와 천도를 하는 데는 돈을 받지 않아야 하며, 돈을 받는 것은 여법하지 못한 것이라고 생각하는 것입니다.

오늘 여러분에게 말씀드리는데, 돈을 쓰지 않고 어떻게 천도를 할 수 있겠습니까? 오늘 우리가 와서 여러분을 위하여 천도를 하는데, 돈을 받는 것은 순수하게 단지 실제 경비만을 받을 뿐이며, 내가 여러분의 돈을 거두어들이는 것이 아닙니다. 석가모니 부처님께서 가르쳐 주신 방식대로 오늘도 그렇게 했습니다. 나는 경전의 근거를 가지고 여러분에게 알려드리겠습니다. 『지장보살본원경』의 「이익존망품(利益存亡品)」에 다음과 같은 내용이 있습니다.

"악을 익힌 중생은 아주 작은 죄로부터 무량에 이르도록 많은 죄업을 지으며, 이러한 모든 중생이 이와 같은 습기가 있으면, 임종 시에 부모와 권속은 마땅히 복을 닦아 저승의 앞길을 도와야 한다.

　혹은 번을 드리우고 기름등을 켜며, 혹은 존엄한 경전을 독송하거나, 불전과 여러 성인의 형상(像) 앞에 공양하며, 또한 불보살의 명호나 벽지불의 명호를 염하여 임종하는 사람의 이근(耳根)에 들어가게 하여 본인의 의식에서 듣게 하면, 비록 이 중생은 지은 악업으로 과보를 불러와 반드시 악도에 떨어질 것이나, 이런 권속들이 임종하는 사람을 위하여 이러한 성스러운 인연을 닦아준 연고로 인하여 이와 같은 죄업이 모두 소멸된다.

　만약 죽은 후 49일 이내에 널리 갖가지의 선을 지어주면, 그 중생은 영원히 악도를 벗어나 인간이나 천상에 나서 수승한 즐거움을 얻게 되며, 공덕을 지어준 현재의 권속들에게도 이익이 무량하다."

이 단락의 경문에서는 어떻게 망자를 위하여 공덕을 지어주어야 하는가에 대하여 설하고 있는데, 바로 재물로써 그를 도와 공덕을 지어주어야 하는 것을 설명하고 있습니다.

여기서 '널리 갖가지 선을 짓는다'라는 것이 바로 재물로써 공덕을 짓는 것을 뜻합니다. 만약 돈을 쓰지 않으면 어떻게 갖가지의 선을 널리 닦을 수 있겠습니까?

생각해 보세요, 앞에서 말한 광목의 딸과 바라문의 딸은 집의 재산을 팔아서 불전에 공양을 올리고, 또한 염불을 하여 그의 모친이 비로소 고통에서 벗어난 것입니다. 여러분은 이러한 도리를 이해해야 할 것이며, 우리가 여러분의 돈을 거두어들이는 게 아니라는 것을 알아야 합니다.

이외에 다른 경전에서도 어떻게 망자를 도와 공덕을 지을 것인가에 대해 설하고 있습니다. 『불설관정수원왕생시방정토경(佛說灌頂隨願往生十方淨土經)』에서는 다음과 같이 설하고 있습니다.

보광보살이 부처님께 물었다.
"그리고 어떤 중생이 삼보를 믿지 않고 계를 지키지 않으며, 혹은 어떤 때는 믿음을 내었다가 어떤 때는 비방을 하고, 부모, 형제, 친족 등이 갑자기 병을 얻어 그러한 까닭으로 임종하였습니다. 임종 후 어떤 사람은 삼악도와 팔난(八難)의 가운데 떨어져 휴식할 틈도 없는데, 부모 형제나 친척이 그를 위하여 복을 닦아주면, 망자는 그 복을 얻을 수 있습니까?"

부처님께서 보광보살에게 말씀하셨다.

"그 망자를 위하여 복을 닦아주면 7분 가운데 1분을 얻게 된다. 무엇 때문인가? 전생에 도덕을 믿지 않은 까닭으로 악도에 떨어질 것이나, 가족이 그를 위하여 공덕을 지어주었기 때문에 그 복덕의 7분의 1을 얻게 된 것이다. 만약 망자 소유의 가택, 원림, 연못 등을 삼보에 보시하면, 그 복이 가장 많으며 공덕의 힘도 강하여, 그러한 인연으로 지옥의 재앙에서 벗어나 곧 해탈을 얻게 되며, 근심과 고통의 환난에서 길이 벗어나 시방의 제불정토에 왕생할 수 있다."

이 경전의 내용은 『지장경』보다 더욱 상세합니다. 무엇 때문에 공덕을 얻게 되는가요? 생전에 도덕을 믿지 않고, 즉 수행을 하지 않았으나 가족이 그를 도와 공덕을 지어주었기 때문에 7분 가운데 1분을 얻는다고 하였습니다. 가장 중요한 것은 망자 본인의 재물로써 보시하라는 것입니다. 무슨 재물인가 하면 집, 점포 등등 어쨌든 그의 재산을, 생전에 망자 소유의 재물을 삼보에 보시하면, 그 복이 가장 많으며 공덕의 힘이 강하다고 한 것입니다.

부

록

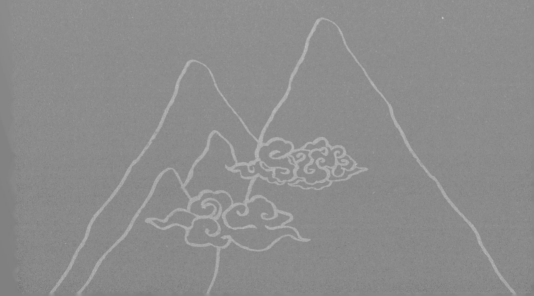

선화 상인의 행장

|

출가 전부터 채식하고 염불하다

선화(宣化) 노스님의 법명은 안자(安慈), 자는 도륜(度輪)이다. 허운(虛雲) 노스님의 법맥을 이어 중국 위앙종(潙仰宗)의 제9대 법손(法孫)이 되었으며, 사호(賜號)는 선화(宣化)이다. 노스님은 일생 동안 명예와 이익을 구하지 않았고 다른 사람과 승부 다투기를 원하지 않았다.

노스님은 중국 길림성 쌍성현(雙城縣) 출생으로 민국(民國) 7년(1918년) 음력 3월 16일 태어나셨다. 부친의 성은 백(白) 씨이며 모친은 호(胡) 씨로, 부친은 근검하고 성실한 사람으로 농사를 지었고 모친은 일생 채식하며 염불하였다. 4남 3녀를 낳은 후 밤에 아미타 부처님께서 큰 광명을 놓고 천지를 비추는 꿈을 꾸고 아들을 낳았다.

스님은 어릴 때부터 어머니를 따라 채식하며 염불하였다. 나이 11

세가 되었을 때 우연히 황야에서 죽은 아기를 보고 생사의 무상함을 느끼고 출가수행의 뜻을 가지게 되었다. 12세 때 과거 부모님께 불효한 것을 참회하기 위하여 매일 아침저녁으로 부모님께 절을 하기로 결정하고 실행하였으며, 부모에 대한 효가 지극하여 인근에 널리 알려져 사람들이 "백효자(白孝子)"라고 칭하였다.

15세 때 스님은 부모님을 떠나 사방으로 선지식을 찾다가 마침내 하얼빈시 교외의 삼연사(三緣寺) 상지(常智) 노스님께 귀의하여 삼보의 제자가 되어 선정(禪定)을 닦았다. 선정수행으로 득력을 한 스님은 책을 한번 훑어보면 외울 수 있었다.

16세에 발심하여 불경을 강의하고 불법을 널리 펴는 것을 자기의 임무로 삼고, 불법을 배우려고 하나 글을 모르는 사람들을 도와주었다. 17세에 유가(儒家)의 사서오경(四書五經), 제자백가(諸子百家), 의학·천문·점술 등 일체의 세간법에 통달하였다. 그리고 쉬지 않고 정진하고 참선하며 경전을 연구하여 출세간법에 투철하였다.

18세에 모친께서 병이 들어 집으로 돌아와 노모를 극진히 보살폈다. 아울러 집에 봉사학교를 열어 집이 가난하여 학교에 가지 못하는 학생들을 가르쳤다. 또한 만국도덕회 등 자선단체에 가입하여 가난한 사람들을 도와주었다.

19세 때 모친이 왕생하자 모든 인연을 놓아 버리고, 사월 초파일 불탄일(佛誕日)에 삼연사 상지 노스님께 청하여 삭발 출가하였다. 사미계를 받은 후 모친의 묘 옆에 초막을 짓고 3년간 시묘살이를 하면

염불, 극락으로의 초대

서 효를 다했는데, 하루 한 끼만 먹고 저녁에는 눕지 않고 『화엄경(華嚴經)』에 절하고 정토참법(淨土懺法)으로 참회하였으며, 선정을 닦고 교관을 수습하였다. 그리하여 선정 공부가 나날이 순일해지고 자비의 마음이 더욱더 깊어졌으며, 인근 마을 사람들의 존경을 받았으며, 불보살과 호법 천신과 용을 감동시켜 신령하고 기이한 일들이 셀 수 없을 정도로 많아 사람들이 기이한 스님(奇僧)이라고 칭하였다.

어느 날 스님이 좌선을 하는데 육조 대사(六祖大師)께서 초막으로 찾아와 말씀하시기를 "장래 너는 서방으로 가서 무수한 사람들을 만나 항하사 같은 많은 중생을 교화할 것이다. 이것은 서방세계에 불법이 일어날 징조이다."라고 하셨다. 말씀을 마치고는 홀연히 사라져 보이지 않았다. 그 후 백두산 지맥인 미타동(彌陀洞) 안에서 선정을 닦았다. 그 후 삼연사로 돌아와 사미로서 수좌(首座, 방장 다음의 직위)가 되었다.

19세였던 그해 6월 19일 관세음보살 성도일(成道日)을 맞이하여 불전에서 18대원(大願)을 발하였으며, 원에 따라 독실하게 행하고 일체중생의 질병과 고난을 구제하시고자 발원하였다. 중생의 무명, 번뇌 등 모든 업장을 자신의 몸이 떠맡고 짊어지고자 발원한 것이다. 그리고 수많은 용과 뱀, 여우, 귀신들을 감화시켜 삼보에 귀의하게 하고, 계를 받게 하여 악을 고치고 선을 닦게 하였다. 스님은 일생에 단지 중생을 도울 줄만 아시고 자기를 위하는 것은 하시지 않았으며, 힘써 실천하여 열여덟 가지 대원(十八大願)을 원만히 하려고 노력하였다.

28세 때인 1946년 스님은 행각하면서 남하하여 선지식을 참방하였다. 1947년 보타산에서 구족계를 받았으며, 1948년 만 리 길을 걸어 광둥성 조계(曹溪) 남화사(南華寺)에 도착하여 당시의 선종의 태두이신 허운 노스님을 참례하였다. 허운 노스님과 만날 때 일찍이 마음으로 마음을 전한 담화가 있었고, 스님은 그에 따라 게를 지었다.

> 허운 노스님이 나를 보고 이와 같다고 하시니
> 나는 노스님을 뵙고 이와 같음을 증하였네.
> 노스님과 내가 모두 이와 같으며
> 중생도 모두 이와 같기를 두루 원하네.
> 虛公見我云如是　我見雲公證如是
> 雲公與我皆如是　普願衆生亦如是

당시 109세였던 허운 노스님은 선화 스님이 용상의 법기임을 아시고 율학원의 감학(監學)을 맡기고 아울러 삼단대계의 증명아사리로 삼았다. 허운 노스님께서는 선화 스님을 "이와 같다! 이와 같다(如是 如是)."라고 인가하였다.

염불, 극락으로의 초대

홍콩에서 가르침을 열다

1949년 스님은 봄철 수계를 원만히 마치고 허운 노스님을 떠나 홍콩으로 갔다. 그곳에서 널리 교화하면서 평등하게 불교의 다섯 종파, 즉 선종·교종·율종·밀종·정토종을 고루 선양하면서 문호파벌을 타파하였다. 아울러 고찰을 중건하고 불경을 인쇄하고 불상을 조성하였다. 서낙원사(西樂園寺), 불교강당(佛敎講堂), 자흥선사(慈興禪寺) 등을 건립하였다.

홍콩에서 10여 년을 머물면서 중생의 간절한 청에 응하여 널리 불법의 인연을 맺었다. 몇 부의 대승 경전을 강의하고 염불정진(佛七), 참선정진(禪七), 참회정진(拜懺) 등의 법회를 거행하면서 종일 불법의 큰 법을 널리 펴는데 동분서주하였다. 그 기간 동안 태국·미얀마 등 지역을 방문하여 남전불교(南傳佛敎)를 시찰하며 대승과 소승불교의 회통에 뜻을 두었다.

1956년 4월 9일 허운 노스님께서 특별히 운거산(云居山)에서 와서 위앙종 조사맥의 원류를 선화 스님께 맡기고, 석가모니 부처님께서 전승하신 법의 제46대, 중국 위앙종 제9대의 사법인(賜法人)으로 임명하고 '선화(宣化)'라는 이름을 내렸다.

1959년 스님께서는 서방 세계에 기연이 성숙함을 관찰하고, 불교의 진실한 이치를 세계 각지에 전파하기 위하여 제자로 하여금 미국에 중미불교총회(법계불교총회의 전신)를 세우게 하였다.

1961년 호주에 가서 1년간 법을 펼쳤지만, 기연이 성숙되지 않아 다음 해에 홍콩으로 돌아오셨다.

1962년 인연이 성숙하여 미국 불교 인사의 요청에 응하여 미국으로 건너가 샌프란시스코에서 불교 학당을 설립하고 계속해서 정법을 서방 세계에 전하였다. 처음 몇 년간은 창이 없는 반지하의 방에서 거주하였는데, 마치 묘지와 같다고 해서 '묘 가운데의 스님(墓中僧)'이라고 스스로 불렀다. 그 당시 미국과 소련의 쿠바 위기로 인하여 전쟁을 막고 세계 평화를 위하여 5주간의 단식을 감행하였으며, 단식을 마친 후 위기도 해소되었다.

1968년 시애틀 워싱턴대학 학생의 요청에 응하여 '능엄경 하계연수반'을 만들었다. 96일간의 연수 후 스님의 감화를 받고 많은 사람들이 귀의하여 수계를 받았으며, 그중 5명의 미국인이 발심 출가하여 미국 불교 사상 처음으로 스님이 되는 기록을 세웠다.

1974년 선화 스님은 미국 캘리포니아주 유카이아(Ukiah)시에 만불성성(萬佛聖城)을 건립하였다. 만불성성이란 이곳에서 만 분의 생불(生佛)을 기른다는 뜻이 담겨 있다. 원래 이곳은 캘리포니아주 정부가 공립 요양원 건물 70여 동을 건립한 곳이었으나, 물이 부족하여 싸게 팔려고 내놓았다. 불가사의한 것은 스님께서 이곳을 매입한 후 곧 수원 (水源)을 찾은 것이다. 그 후 계속하여 미국 각지에 절을 세워 27개의 도량을 건립하였으며, 북미불교의 깊고 두터운 기초를 다지게 되었다.

노스님은 일생 계율을 엄정하게 지키고 부처님의 제도를 준수하였으며, 참선과 염불 예참·경전 연구·계율 수지·대중 화합 등을 특히 강조하였다. 이러한 스승의 정신을 이어받아 만불성성에 출가한 제자는 "하루 한 끼만 먹고 가사가 몸을 떠나지 않게 한다(日中一食, 袈裟不離身)."는 스승의 가르침을 이어받아 수행에 정진하면서 수행 가풍을 지켜나갔다.

스님의 제자들은 노스님이 세운 육대종지(六大宗旨), 즉 "다투지 않고(不爭), 탐하지 않고(不貪), 구하지 않으며(不求), 사사롭지 않고(不自私), 이기적이지 않으며(不自利), 거짓말을 하지 않는다(不打妄語)."를 수행의 지표로 삼고, 쉬지 않고 정진하여 정법이 세상에 상주하게 하였다.

또한 선화 스님은 경전 번역은 천추만세에 길이 남을 성스러운 사업이라고 하면서 1973년 국제역경원을 설립하였다. 국제역경원에서 역경의 인재를 배양하였고, 지금까지 백여 종의 영역본을 출판하였으며, 스페인어·베트남어로 불경을 번역하여 출판하였다.

스님은 일찍이 "모든 공양 중 법공양이 제일이다."라고 하시면서 평생을 홍법(弘法)에 노력하였으며, 수십 년을 하루같이 하였다. 또한

"나의 원력은 한숨이라도 숨 쉴 힘만 있어도, 경을 강의하고 법을 설할 것이다."라고 하시면서 미국을 위시해서 영국·폴란드·프랑스 등 서방 세계뿐만 아니라 대만·홍콩·인도·싱가포르·베트남·말레이시아·태국 등지를 다니면서 홍법하였으며, 귀의한 사람이 수만 명이나 되었다.

스님께서 서방에 법을 펴신 30여 년 동안, 서방의 윤리 도덕이 무너지고 물욕이 횡류(橫流)하고, 인심이 들떠 있어 교육이 파괴되고 인문의 자취를 찾아보기 어렵고 세계의 위기가 날로 깊어지는 데 상심하였다. 그리하여 적극 교육 혁신을 제창하여 중국 전통의 여덟 가지 덕〔八德〕-효(孝)·제(悌)·충(忠)·신(信)·예(禮)·의(義)·염(廉)·치(恥)-으로 세계의 인심(人心)을 구제하려고 하였다.

스님께서 일찍이 말씀하시기를 "가장 철저하고 가장 근본적인 국방은 바로 교육이다. 교육이 잘되지 않으면 어떤 국방도 소용이 없다."라고 하였다. 그래서 초등학교에서는 효도를 제창하고, 중고등학교에서는 애국 충정을 강조하고, 대학에서는 인의충효(仁義忠孝)를 제창하였다. 전문 기능 외에 고상한 인격을 배양하여 국가의 동량이 되며 사회에 이바지하고 중생을 이롭게 하고자 하였다.

스님은 일생 동안 위법망구(爲法忘軀)하고 힘든 괴로움도 사양하지 않고 부지런히 국내외로 다니면서 보살의 자비원력으로 중생을 구제하시다가 1995년 6월 7일 오후 미국 로스앤젤레스에서 원적(圓寂)하였으며, 그때 세수 78세였다. 7월 28일 만불성성에서 거행한 다비식에서 4,000

여 과의 사리가 나왔다. 하지만 스님께서는 어떤 사리탑이나 기념관도 만들지 못하게 하셔서 "나는 허공에서 와서 허공으로 돌아간다."라는 스님의 말씀과 같이 사리를 포함한 모든 유해는 허공에 뿌려졌다.

『선화노화상약전(宣化老和尚略传)』(북경 영광사 발간)에서 발췌 수록

선화 상인의 18대원

|

1. 진허공, 변법계, 시방삼세 일체 보살 등이 만약 하나라도 성불하지 못하면, 나는 정각(正覺)을 취하지 않겠습니다.

2. 진허공, 변법계, 시방삼세 일체 연각 등이 만약 하나라도 성불하지 못하면, 나는 정각을 취하지 않겠습니다.

3. 진허공, 변법계, 시방삼세 일체 성문 등이 만약 하나라도 성불하지 못하면, 나는 정각을 취하지 않겠습니다.

4. 삼계의 모든 천인(天人) 등이 만약 하나라도 성불하지 못하면, 나는 정각을 취하지 않겠습니다.

5. 시방세계의 모든 인간 등이 만약 하나라도 성불하지 못하면, 나는 정각을 취하지 않겠습니다.

6. 하늘, 인간, 모든 아수라 등이 만약 하나라도 성불하지 못하면, 나는 정각을 취하지 않겠습니다.

7. 일체의 축생계 등이 만약 하나라도 성불하지 못하면, 나는 정각을

취하지 않겠습니다.

8. 일체의 아귀계 등이 만약 하나라도 성불하지 못하면, 나는 정각을 취하지 않겠습니다.

9. 일체의 지옥계 등이 만약 하나라도 성불하지 못하면, 나는 정각을 취하지 않겠습니다.

10. 무릇 삼계의 모든 하늘, 신선, 인간, 아수라, 날고 기는 동식물, 영계의 용과 축생, 귀신 등의 무리, 일찍이 나에게 귀의한 자들이 만약 하나라도 성불하지 못하면, 나는 정각을 취하지 않겠습니다.

11. 내가 마땅히 누릴 일체의 복락을 모두 법계의 중생에게 회향하며 널리 베풀기를 원하옵니다.

12. 법계중생의 모든 고난을 나 한 사람이 대신 받기를 원하옵니다.

13. 무수한 영(靈)을 나누어 불법을 믿지 않는 일체의 중생의 마음에 들어가, 그들로 하여금 악을 고쳐 선으로 나아가게 하며, 허물을 뉘우쳐 자신을 새롭게 하고, 삼보에 귀의하여 구경에는 부처가 되기를 원하옵니다.

14. 일체중생이 나를 보거나 나의 이름을 들으면, 모두 보리심을 발하고 속히 불도를 이루기를 원하옵니다.

15. 부처님의 제도를 철저히 준수하고, 하루 한 끼 먹는 것을 실행하기를 원하옵니다.

16. 모든 유정들을 깨닫게 하고 모든 근기의 중생을 널리 섭수하기를 원하옵니다.

17. 이생에서 오안육통(五眼六通)을 얻고 비행자재(飛行自在)하기를 원
    하옵니다.
18. 일체의 구하는 원이 반드시 이루어지기를 원하옵니다.

결론 지어 이르기를:

가이없는 중생 모두 제도하기를 서원하며

다함 없는 번뇌 모두 끊기를 서원하며

무량 법문 다 배우기를 서원하며

위가 없는 불도 다 이루기를 서원합니다.

衆生無邊誓願度 煩惱無盡誓願斷

法門無量誓願學 佛道無上誓願成

법계불교총회 안내

법계불교총회(法界佛教總會: 이하 법총으로 칭함)는 불법의 연구, 수행, 교화와 실천을 적극적으로 추진하기 위하여 선화 상인께서 창립한 국제적인 종교 및 교육 조직이다. 법총은 모든 사부대중의 지혜와 자비의 역량을 응집하여 불법을 홍양하고 경전을 번역하며, 도덕 교육을 제창하고 유정 중생을 이롭게 하는 것을 임무로 한다. 개인, 가정, 사회, 국가, 나아가 세계로 하여금 모두 불법의 훈습을 받아 점점 지극한 진선미(眞善美)의 경지로 나아가게 하려는 것이다.

법총에 참가하는 각각의 사부대중들은 뜻을 세워 상인께서 제창하신 육대종지(六大宗旨)를 봉행해야 한다.

다투지 않고(不爭),
탐하지 않고(不貪),
구하지 않으며(不求),

사사롭지 않고〔不自私〕,

이기적이지 않으며〔不自利〕,

거짓말을 하지 않는다〔不打妄語〕.

출가한 승려는 부처님께서 제정하신 일중일식(日中一食)과 가사가 몸에서 떨어지지 않게 하는〔衣不離體〕규칙을 엄격히 준수하고, 아울러 계를 지니면서 염불하고〔持戒念佛〕, 교학을 배우고 참선하며〔習敎參禪〕, 대중들은 화합하여 함께 거주하고〔和合共住〕, 불교에 헌신해야〔獻身佛敎〕할 것이다.

　법총은 1959년 설립한 이래로 샌프란시스코 북부에 세운 만불성성을 주축으로 하여 미국, 아시아, 호주, 대만, 베트남 등지에 20여 곳의 도량을 세웠다. 각 지부의 도량은 상인께서 세우신 엄격한 가풍을 다 함께 지켜나가야 한다.

얼어 죽어도 반연을 구하지 않으며, 굶어 죽어도 화연을 구하지 않으며, 가난하여 죽어도 인연을 구하지 않는다.

우리는 다음의 삼대(三大) 종지를 가슴에 품는다.

목숨을 바쳐 부처의 일〔佛事〕을 하며, 운명을 개척하여

염불, 극락으로의 초대

본분의 일〔本事〕을 하며, 운명을 바르게 하여 승려의 일
〔僧事〕을 한다.
일에 임하여 이치를 밝히고〔卽事明理〕, 이치를 밝혀 일
에 임하면서〔明理卽事〕 조사(祖師)께서 전하신 이심전심
(以心傳心)의 법맥을 널리 이어가게 한다.

법총의 교육 기구로는 국제역경원, 법계종교연구원, 승가거사훈련반,
법계불교대학, 배덕(培德) 중고등학교, 육량(育良) 초등학교 등이 있다.
이곳에서는 홍법, 번역 및 교육의 걸출한 인재를 적극적으로 배양하는
외에 아울러 각 종교 간의 교류와 대화를 넓혀나가서 종교 간의 단결과
협력을 촉진하여 세계 평화의 중대한 대임을 공동으로 힘써 나간다.
　법총 산하의 도량과 기구는 문호를 개방하여 나와 남, 국적, 종교
를 구별하지 않으며, 무릇 각국의 종교 인사가 인의도덕(仁義道德)을
실천하고, 진리를 추구하며〔追求眞理〕, 마음을 밝혀 성품을 보는 데〔明
心見性〕 주력하기를 원하면, 모두 와서 수행하고 공동으로 연구하는 것
을 환영한다.

아미타불과 염불정진법회

|

'아미타불' 한 구절은 거의 현대 중국 불교도의 상징으로서 현재 동남아(대만, 말레이시아 등) 일대의 불교 사찰, 염불 단체 및 불교 가정 내에 보편화되어 종교 생활권의 일상 언어로 언제 어디서건 통용되고 있다. 이 '아미타불'은 "좋은 아침입니다!", "안녕하세요?", "몸조심하세요.", "또 만납시다." 등등 모든 인사와 축복을 대변하며, 놀라움, 칭찬, 애석함, 고마움, 미안함 등의 심정을 나타낼 때 사용되고 있는 것이다.

범문 '아미타(阿彌陀, amita)'의 본뜻은 '무량(無量)'인데, 여기에 'abha' 혹은 'ayus'를 덧붙이면, 각각 '무량광(無量光, amitabha)'과 '무량수(無量壽, amitayus)'의 뜻을 지니게 된다. 이때 광명은 지혜를 대표하고 수명은 복덕을 상징하므로, 복과 지혜가 무량한 것은 곧 아미타 부처님의 원만한 과(果)의 덕을 말하는 것이다. 따라서 이 한 구절의 명호는 도처에 적용되어, 수없는 메시지를 전달하며 중국 불교계의 의사소통에 필수품으로 자리 잡게 되었다.

평소에 사용되는 길상(吉祥)의 용어만으로는 못내 심신의 깊고 깊은 번뇌를 해결할 길이 없어 염불을 즐겨 하게 되고, 또한 정토 신앙을 믿는 불제자는 왕왕 부처님의 명호를 칭념하는 것을 매일의 수행 과제로 삼기도 한다. 그러나 너무도 많은 환경의 장애 및 막중한 생활의 부담 탓인지 마음속에 염하는 부처님 명호는 쉽사리 끊어져 전일(專一)하기 어렵고, 진정으로 망념을 쓸어내어 번뇌에 대치할 역량을 발휘하기가 어려운 것이다. 이에 염불인의 공부를 성취하기 위하여 각각의 불교 도량과 거사 단체에서는 일정 기간 동안의 짧거나 긴 염불정진법회[佛七: 이하 불칠이라고 칭함)의 결성을 필요로 하게 되었다.

실제로 현재 각처에서는 일주일간의 불칠(一七), 이 주일간의 불칠(二七), 삼 주일간의 불칠(三七), 내지 칠 주일간의 불칠(七七), 심지어는 100일 폐관 등 더 오랜 기간의 불칠이 거행되고 있다.

염불 법문은 본래 '명호를 지속적으로 지니는 수행법(執持名號)'에만 국한된 것이 아니고, 또한 오직 아미타불을 염하거나 정토왕생을 기원하는 것에만 귀속된 것이 아닌데도 이러한 방법은 이미 사실상 현대 중국인의 불칠의 주요 의식으로 정형화되었다고 보아야 할 것이다.

불칠(佛七)은 하나의 거대한 환경의 특수한 설계에 의거한 것이다. 즉, 각 방면의 인력과 재력, 다양한 물적 자원을 한데 모아서 대중의 전일하고 집중된 염불 수행을 조성하면 타성일편(打成一片)을 이루어서 염불의 이득을 가져오기가 용이하다. 이는 비유컨대 화력(火力)을 끊임없이 공급하여 큰 솥에 물이 끓게 되면, 많은 대중에게 식용할

음식을 제공할 수 있는 것과도 같은 이치이다.

불칠의 일정표는 시간과 공간, 모이는 사람들의 특색에 따라 각기 다르지만, 선화 상인의 북가주 만불성성에서 거행하는 불칠 일정을 살펴보면 대략 다음과 같다.

아침 예불과 저녁 예불, 경전 강의(聽經)는 평소와 같으며, 본 불칠의 일정은 각각 오전과 오후로 나뉘는데, 오전 정진은 『불설아미타경』을 독송하는 것을 그 시작으로 한다. 그런 다음 돌면서 하는 염불(繞念)과 앉아서 하는 염불(坐念)을 각기 반 시간씩 하는데, 이것은 동(動)과 정(靜)을 배합한 방식으로 혼침과 도거(掉擧)를 떨쳐 마음을 쉽게 섭수할 수 있는 효과가 있다.

불명호를 창념(唱念)할 때는 육자홍명 '나무아미타불'을 느린 박자 위주로 하는데 곡조가 느리고 평화로우면 몸과 마음도 따라서 편안해지기 때문이다. 좌념(坐念)시에는 그 후반부에 이르러 점점 박자가 빨라지면서 오직 '아미타불' 네 자만을 부른다.

곡조가 빨라질수록 더욱 염불에 집중되어, 모든 잡념을 떨치고 눈을 감은 채 오로지 염불의 음성만을 듣고 있으면 한 음성 한 음성마다 귀로 진입하고 한 글자 한 글자마다 마음에 각인된다. 이렇게 갈수록 염불의 음성이 빨라지다가 그 절정에 이르면 갑자기 염불 소리가 멎는다. 그 순간 아무 소리도 없이 고요한 가운데 안과 밖의 경계는 홀연히 끊어지고, 오직 이 네 글자만이 샘물처럼 끝없이 마음에서 흘러나오게 되는 것이다.

염불, 극락으로의 초대

일체의 동작과 잡음이 멎은 이 고요한 정적을 '지정(止靜)'이라고
하며 이 상태에서 30분간을 조용히 앉아 실상(實相)을 관한다. 여기까
지가 일지향(一支香), 즉 한 자루의 향이 타들어 가는 동안의 정진 시간
을 일컫는데, 오전과 오후에 각각 이지향(二支香)씩을 거행하게 된다.

점심 공양이 끝나면 『아미타경』을 시작으로 다시금 요념(繞念)과
좌념, 지정에 들며 그 절차는 오전과 동일하다. 이같이 매 지향(支香)마
다 우리는 걷고 앉고, 입으로 염하고 마음으로 염하며, 정적에 들고 나
오고 하는 단순한 의식을 반복하게 되는데, 이렇게 함으로써 단순한
몸과 마음을 쉽게 양성할 수가 있고 이는 다시 선정을 이루는데 상당
한 도움이 되는 것이다.

매일 저녁 경전 강의 시간(聽經)이 끝나면, '대회향(大回向)'을 거행
한다. 이때에는 그날 하루 함께 닦은 선근의 공덕을 모아 시방 법계에
두루 회향하며, 일체의 유정(有情)이 모두 부처님의 가호로 임종 시 장
애 없이 부처님의 접인을 받아 다 같이 서방 극락정토에 왕생할 수 있
기를 발원하게 된다. 이 시간이야말로 아미타 법문을 닦는 이의 가장
즐거운 귀의처가 될 것이다!

만불성성에서는 매년 12월이면 아미타 부처님의 성탄절을 맞아
일주일 내지 이 주일에 걸쳐 염불법회를 거행하며, 같은 방식으로 삼
주일간의 관음법회(觀音七), 일주일간의 지장법회(地藏七)를 각각 불보
살님의 성탄절이나 성도일 혹은 출가일에 맞추어 거행하고 있다.

이때가 되면 평소 상인(上人)의 법문을 흠모하고 따르는 불자들이

세계 전역에서 천 리 길을 멀다 않고 호법(護法)의 일익을 담당하기 위하여 모여드는데, 눈에 보이지 않는 불심(佛心)의 열기 속에 이들은 조용히 개개인의 심원(心願)을 이루어 나가며, 또한 세계의 평화와 정법(正法)이 영원히 이 땅에 머물기를 기원하는 횃불을 말없이 밝히는 것이다.

이정희

|

나의 염불 수행과 선화 상인 도량과의 인연

내가 염불 수행에 대해 진지하게 몰입하게 된 것은 LA 한의대 재학 당시, 대만의 어떤 스님과의 만남에서 비롯되었다. 한국에 있을 때부터 선(禪)에 관한 법문을 많이 들으면서 몸은 비록 사회에 몸담은 재가인이나 마음은 언제나 좌선을 갈구하던 터라, 그때만 해도 중국 스님이 내게 들려준 염불 법문은 참으로 생소하게만 느껴졌다.

그분은 나에게 우리의 식심(識心)은 찰나지간에 900회의 생멸을 거듭하므로 염불 수행이 아니면 제어하기 힘들며, 또한 지금은 말법 시대라 뛰어난 선지식을 만나기가 너무도 어렵기에 염불 수행이 안전하며, 비록 선수행이 깊어져 자신이 어느 태 속에 들어갈지를 안다 할지라도 생사 그 자체를 초월하기는 실로 쉽지 않음을 절실하게 알려주었다. 그리고 한번 우리의 아뢰야식 속에 깊이 새겨진 염불의 씨앗은 금강의 종자처럼 몇 생을 두고 사라지지 않으며 어느 생엔가는 반드시 열매 맺게 되리라는 것, 우리의 인생은 생각보다 길지 않으니, 열심히 염불하여 정토왕생을 기약하라는 말씀을 남기고 스님은 대만으로 돌아가셨다. 그러나 그분이 가신지 채 반년도 지나지 않아서 내게 들려주었던 법문이 하나도 빠짐없이 내 삶에 재현되리라고는 당시 나는 미처 상상하지 못하였다.

염불의 인연은 의외로 빨리 내게 다가왔다. 1997년 한의대 졸업을 앞두고 과로, 영양실조, 결가부좌 등의 원인이 겹쳐 오른쪽 대퇴부에 심한 골절상을 입고 USC 병원의 응급실에 실려 가게 된 것이었다. 너무도 심한 통증 때문에 나는 곧바로 아미타 부처님을 부르기 시작했는데, 그것은 염불이라기보다는 차라리 절규에 가까웠다. 낯선 타국의 병동에서 갑자기 들이닥친 생사의 관문 앞에, 그간 준비해 온 생사에 대비한 공부가 너무도 미진한 것임을 나는 그때 절감하였다.

수술 직전 나는 대만에 계신 스님과 그 지인에게 조념(助念: 죽음을 앞둔 사람을 위하여 대신해주는 염불)을 당부하고 수술대에 올랐는데, 그 덕택이었던지 수술 도중 이상한 꿈을 꾸었다. 뿌연 안개 속에서 온통 하얀 옷을 두른 이가 나타나 내 이마를 만져주자 불덩이처럼 뜨겁던 몸이 갑자기 가뿐해졌고, 멀리서 검은 법복을 입은 이들이 줄을 지어 염불을 하는 가운데 나는 땀에 흠뻑 젖은 옷을 던지고 새 옷으로 갈아입는 꿈이었다.

뒤늦게 안 일이지만 골절된 대퇴부의 골(骨) 입자가 폐색전을 일으켜 아주 위험한 수술을 했다고 한다. 그때서야 나는 염불이 나의 생명을 구했다는 사실을 알게 되었다. 무량수경의 말씀 그대로 나는 염불의 감응으로 이생에서 팔십억 겁의 생사 죄를 사면 받고서 새 생명을 얻을 수가 있었으며, 짙은 안개 속에서 뵌 하얀 옷의 그분은 바로 관세음보살이었다.

이 일이 있은 후 나는 진심이 우러나서 깊은 참회를 했으며 이후로는 보리도(菩提道)에 회향하는 삶을 살겠다고 발원하였다. 이러한 나의 원과 참회가 불보살님께 통하였던지 몇 년 뒤 나는 선화 상인의 LA 지부 도량과 인연을 맺게 되었다. 그 당시 중국말을 한마디도 못 했던 내가 선화 상인의 도량에서 수행을 하게 된 것은 아마도 염불의 공덕인 듯하다. 중국 스님들께서는 나를 위해 특별히 영문 번역을 곁들여 주셨기에 나는 어렵지 않게 선화 상인의 법문을 접할 수가 있었다.

비록 상인께서 세상에 계시지는 않지만, 그분의 제자 스님들께서는 여전히 하루 한 끼만 먹고 계율을 엄정히 지키며, 날마다 상인의 육성법문을 경청하기 때문에 만불성성(萬佛聖城)을 비롯한 상인의 지부 도량에는 어디서건 마치 그분이 살아계시는 것 같다. 상인께서는 살아 생전에 수많은 육성법문을 남기셨는데, 그 법문을 통하여 특히 재가 신도들에게는 삼귀의와 오계를 받을 것, 일상생활 속에서 불자의 행실을 다질 것을 역설하셨다. 만불성성에서 삼귀의와 오계를 받는 이는 살생, 투도, 사음, 망어, 음주를 금하는 오계를 수지해야 하며, 반드시 종신재계(終身齋戒)를 지켜야 한다.

비단 사찰 내에서뿐만 아니라 일상생활 속에서 철저하게 육식과 오신채를 금지하고, 금주(禁酒)와 금연(禁煙) 등 이러한 불자의 기본 규법을 선지식의 가르침을 받들어 조용히 실천해가는 도량의 신도들을 대하면서 나는 많은 감명을 받았다. 어릴 때 한국 절의 산문을 드나들며 보았던 '알음알이를 버려'라는 그 말씀도 돌이켜 보면, 상인께서 항상 말씀하시는 "불교는 하나를 배우면 하나를 실천하는 것이다."라는 것과 같은 맥락의 것이 아닐까 생각을 해 본다.

일례로 상인의 『아미타경 강설』에서도 "이생에서 정토 법문을 만날지라도 만약 당신이 계속하여 선근을 심지 않으면, 장래 보리의 열매를 맺을 수 없을 것이다."라는 법문에서 알 수 있듯이, 상인은 불법에 의거하여 수행하는 것이 선근을 심는 것이라 하셨다.

다시 말해 불법은 우리에게 술 마시지 말고, 훔치지 말고, 거짓말하지 말고, 삿된 음행을 하지 말라는 등등을 가르치고 있는데, 이런 것을 하나라도 실천하지 못하면 불법의 열매를 맛볼 수 없다는 것이다. 상인은 계속해서 말하기를 "이전에 지은 죄업은 극락세계에 가지고 갈 수 있으나, 염불 법문을 안 연후에도 응당 지어서는 안 될 죄업을 알면서 계속 짓는다면 이것은 그 죄를 한층 무겁게 하여 비단 극락세계로 갈 수 없을 뿐만 아니라 아예 극락세계와는 인연이 없는 것이다."라고 하셨다.

이는 정토에 왕생하는 세 가지 자량 가운데서 특히 실천을 강조한 것인데, 정토 법문이 비록 말법 시대의 가장 중요한 하나의 법문으로 보편화되어 있고 대업왕생(帶業往生), 지명염불 등의 방법으로 쉽게 닦을 수 있다는 장점이 있지만, 이와 같은 지혜로운 선지식의 권고를

염불, 극락으로의 초대

외면하고서 혼자 전도되게 닦는다면, 자칫 위험한 법문이 될 수도 있는 것이다.

중문(中文)으로 된 상인의 모든 경전 강설집에는 반드시 쉬운 풀이[淺釋]라는 말이 따르는데, 그 이유는 스님께서 불법의 불모지인 서양 세계에서 서양인을 대상으로 처음으로 불법을 널리 펴고자 알기 쉬운 방편 설법을 하셨기 때문에 그렇게 부른 것이다.

그러나 쉬운 풀이라고 해서 내용이 결코 소홀한 것이 아니다. 오히려 불자들이 등한시해서는 안 될 요긴한 내용만을 모아놓았다고 보면 될 것이다. 삼장(三藏)의 깊고 심오한 뜻을 알기 쉬운 말로 거르고 또 걸러내어서 불법에 무지한 이들이 소화할 수 있도록 가르침을 펴신 상인의 이와 같은 절절한 자비심은 과히 위대한 대승 보살이라고 할 것이다.

이전에 나는 이해하기 어려운 경전 해설집이나 선(禪)문답에 부딪혀 종종 불법수행에서 방향을 못 잡고 헤맨 적이 있었다. 그러던 내게 선화 상인의 쉬운 경전 강설과 법문은 마치 꿈속에서 현장법사가 손오공을 데리고 나의 자성(自性)의 집에 찾아와 주신 것이라고나 할까?

불교와 나의 인생에 새로운 눈을 뜨게 해 주신 선화 노스님이 무척 고맙고 또한 나처럼 인생과 불법에의 많은 갈구와 노력을 쉬지 않는 우리 한국의 불자들이 내 마음에서 잊히지 않아, 나의 중국어 수준이 높지 않음에도 불구하고 일일이 중한사전을 보고서 번역을 시도해 보았다.

특히 많은 재앙과 위기를 맞이하고 있는 우리 사회에 염불 법문이 매우 시급한 것 같아서 선화 상인의 여러 법문집 가운데 이 책부터 시작한 것인데, 다행히 각산 정원규 선생님께서 일찍이 선화 상인의 보배로움을 인식하시고서 이미 『능엄신주(楞嚴神呪) 법문』과 『능엄경(楞嚴經) 강설』을 한국 불자들에게 소개한 바 있으니, 상인의 법문이 이 땅에 전해질 기연이 도래한 듯싶다.

선화 상인의 이 염불 법문을 통하여 많은 불자들이 염불 수행으로 자성의 향광장엄(香光莊嚴)을 이루어 조속히 극락정토에 왕생할 수 있기를 기원한다.

LA에서 염불인 이정희 삼가 쓰다

|

본래의 고향 극락정토로 돌아가자

중국에서 생활하던 당시 가끔 중국의 고찰을 참배하면서 여러 신도님들이 염불당에 모여서 염송하는 '나무아미타불' 염불 소리를 듣곤 하였는데, 그 소리를 듣다 보면 무한한 감동이 솟아 나왔다. 그 당시 나는 염불 수행에 흥취가 많아서 집에서 아침, 저녁으로 염불정진하고 있었기 때문에 그런 모습에 많은 감명을 받았다. 한국에서도 조만간 각 사찰마다 염불당을 마련하여 염불정진하는 신도들의 모습을 많이 볼 수 있기를 기대하면서 하루빨리 염불 법문의 수승함을 한국의 불자들에게 널리 알릴 기회가 있기를 마음속으로 염원하였다.

'염불이 좋은가 참선이 더 나은가' 하는 논쟁은 중국에서 끊임없이 일어나고 있으며, 불자라면 어떤 수행방편을 선택하느냐는 것은 결코 쉬운 문제가 아니다. 아무리 좋은 수행방편이라도 자기의 근기에 맞지 않으면 공부가 쉽사리 상응하기 어려우며, 심지어 세월만 허송하는 경우가 많다. 이전부터 불가에서는 참선은 최상의 근기에게 맞으며, 간경은 중간의 근기에게 맞다고 하였으며, 염불은 상, 중, 하근기 모두에게 적합하다고 하였다. 대다수는 자기의 근기는 돌아보지 않고 최상승의 공부를 좋아하지만 힘을 얻는 사람은 적으며, 몇 년간 수행하다가 진전이 없으면 심지어 수행에 대한 신심마저도 퇴보하는 경우도 종종 있다. 그러나 염불 수행은 모든 근기의 사람에게 맞기 때문에 쉽게 득력할 수 있다.

그런데 염불 법문은 금생에서 바로 부처님 정토를 성취하여 생사를 벗어나는 불가사의하며 수승한 법문이기 때문에 『아미타경』에서 말씀한 바와 같이 세간에서 믿음을 일으키기가 쉽지 않다. 한마디로 믿기 어려운(難信) 법문이라는 것이다. 그래서 염불 법문을 이해하려면 정토 삼부경(『무량수경』, 『관무량수불경』, 『불설아미타경』)을 공부하여 아미타불의 극락세계와 극락세계에 왕생하는 정인(正因)과 조인(助因)에 대하여 알아야 할 것이다.

『관무량수불경』에서는 모든 부처님들의 정업(淨業: 정토에 왕생하는 업)의 바른 원인으로 다음의 세 가지를 말씀하였다.

첫째는 부모에게 효도 봉양하고, 스승을 받들어 모시며, 자비심으로 생명을 죽이지 않고, 열 가지 선업(十善業)을 닦는 것이다.

둘째는 삼귀의 계를 받아 항상 기억하고 계율을 잘 지키며, 일상생활에서 위엄과 예의를 잘 지니는 것이다.

셋째는 보리심을 일으키고, 인과응보의 도리를 깊이 믿으며, 대승 경전을 독송하고, 다른 사람에게 불법을 믿게 하고 수행을 권하는 것이다.

이상의 세 가지를 힘써 닦으면서 열심히 염불해야 하는 것이다. 이러한 선업이 바탕이 안 되면 정토의 업은 쉽게 성취되지 않는다. 어떤 사람은 평생 수행하지 않고 잘 지내다가 임종 시에 십념으로 왕생하려고 생각하는데, 평소에 염불하지 않은 사람이 사대가 무너지는 죽음의 시기에 어찌 고통을 이기고 십념을 할 수 있겠는가?

근기에 따라 염불 수행으로 얻게 되는 경계와 품위도 달라질 것이다. 상근기는 염불삼매를 성취하여 자기의 마음이 아미타불임을 깨닫게 될 것이다. 바로 경에서 말씀하신 "이 마음으로 부처를 이루고, 이 마음이 부처다(是心作佛, 是心是佛)"라는 도리를 깨닫는 것이다.

이러한 경전의 가르침을 비추어 볼 때 극락세계에 왕생하기 위해 가장 중요한 것은 인과의 이치를 믿고 실천하며, 대승 경전을 수지 독송하여 그 도리를 잘 이해하고, 보리심을 발하는 것이라고 할 수 있다.

이러한 바탕을 잘 다져야 극락세계에 왕생하며, 또한 왕생하는 품위도 높아질 것이다. 『아미타경』에서는 염불하여 1일 내지 7일간 일심불란을 얻으면 왕생할 수 있다고 하여 염불의 중요성을 강조하였으나, 『관무량수불경』에서는 여러 가지 관법(觀法)과 위에서 언급한 대승 불법의 실천을 강조한 것이다.

그리고 평생 악업을 많이 짓고 염불하지 않은 하근기의 중생을 위하여 임종 시에 선지식을 만나 그가 죽음의 고통이 핍박할 때 부처님을 생각하고 관할 겨를이 없으므로 지극히 간절한 마음으로 염불하는 소리가 끊어지지 않게 '나무아미타불'을 열 번 염하라고 하시면서 지옥에 떨어질 고통에서 구하여 극락세계로 왕생하게 해 주신 것이다. 이러한 경우 이 사람이 한 번 염불하는 마음은 80억 겁 동안 지은 생사의 죄업이 소멸되어 극락세계에 왕생하는 것이다. 이것이 하품 하생(下品下生)에 왕생하는 경우이다.

『무량수경(無量壽經)』에서 부처님께서는 지금의 중생들에게 극락왕생의 공덕을 닦을 것을 다음과 같이 간곡하게 말씀하였다.

> "모름지기 모든 중생들은 각자 부지런히 노력하고 정진하여 극락세계에 왕생하는 공덕을 닦을지니라. 그러면 반드시 생사의 험난한 바다를 뛰어넘어 극락세계에 왕생할 수 있다. 그러면 지옥, 아귀, 축생과 아수라, 인간 등 다섯 악취의 인연을 여의고 공덕이 한량없는 성불의 길에 오르게 된다.
> 참으로 극락세계에 가는 길은 쉽건만, 가는 사람이 없구나. 저 아미타불의 정토인 극락세계는 누구의 방해도 받지 않으며, 아미타불의 원력을 믿기만 하면 자연히 극락세계에 왕생할 수 있다. 그런데도 어찌하여 세상일을 뒤로 미루고 부지런히 수행하여 성불의 공덕을 구하지 않는가? 극락세계에 왕생하면 영원불멸의 한량없는 수명을 얻으며, 무한한 즐거움을 누리게 되느니라.
> 그러나 세상 사람들은 마음이 저속하여 한시바삐 닦아

염불, 극락으로의 초대

야 할 깨달음의 길은 뒤로 미루고, 하잘것없는 세상의 일에만 몰두하여 서로 다투는구나. 그들은 세상의 모진 죄악과 심난한 고통 속에서 오로지 자기 자신만을 위하여 생활에 허덕이고 있구나. 그래서 신분이 귀하거나 천하거나, 부자거나 가난하거나, 남녀노소를 막론하고 모두 한결같이 재물에만 눈이 어두워 애를 쓰고 있으나, 부자나 가난한 이나 근심, 걱정은 마찬가지로다. 그리하여 항상 서두르고 걱정하며 괴로워하고, 얽히고설킨 욕심과 근심으로 항상 허둥거리며 쫓기는 생활을 하니, 한시도 마음이 편할 날이 없느니라.”

극락세계에 왕생하기는 쉬우나 가는 사람이 없다고 안타까워하신 것이다. 지금 우리들의 현실을 너무나 정확하게 지적하여 자괴감이 생기는 것을 어찌할 수 없을 지경이다. 극락에 왕생하려면 가장 먼저 세속의 욕망의 짐을 내려놓아야 한다는 것을 천명하고 있다. 극락은 결코 멀리 있는 것이 아니다. 먼저 육도 윤회의 생사에서 벗어나려는 마음을 내어 자기의 근기에 맞춰 단지 보리심을 발하고, 인과의 이치를 이해하고 실천하면서 착실하게 염불하기만 하면, 극락세계에 왕생하는 것은 틀림없는 사실이다.

지금은 말법 시대로서 탐진치에 오염됨이 너무나 두터워 우리의 자성을 바로 돈오(頓悟)하기는 지극히 힘들다. 사람의 인성은 갈수록 욕심에 매몰되어 각종 사회악이 넘쳐나면서 본래 갖추고 있는 원만한 진여자성을 점점 등지고 있다. 그래서 부처님께서는 지금의 말법 중생을 위하여 염불 법문을 말씀하신 것이다.

'나무아미타불' 한 구절은 번뇌를 쳐부수는 지혜의 방망이이며, 생사의 바다를 건너는 자비의 배이자, 육도 윤회를 벗어나는 원력의 우주선이다. '나무아미타불' 한 구절은 바로 팔만사천의 법장(法藏)이며, 최상의 비밀스러운 주(呪)이다.

또한 경에서도 염불은 최상의 심묘한 선(無上深妙禪)이라고 하였으며, 『문수설반야경』에서는 반야의 지혜를 얻기 위해서는 단정히 앉아 한 부처님의 명호를 염할 것을 권하였다. 염불을 잘 이해하지 못하는 사람들이 염불은 하근기의 사람들이나 하는 수행이라고 폄하하는데 결코 그런 것이 아니라는 것을 알아야 할 것이다.

염불의 요점은 바로 자기의 염불 소리를 듣는 데 있다. 입과 귀와 마음이 일체가 되어 입으로 하는 염불 소리를 자기의 귀로 듣고 마음으로 듣는 것이다. 염불을 『능엄경』에서 말씀하신 관세음보살의 이근원통(耳根圓通) 법문과 결합하면 쉽게 득력할 수 있을 것이다. 중국 근세에 평생 간화선으로 참선을 하다가 염불 수행으로 깨달으신 하련거(夏蓮居) 대사는 〈청불헌기(聽佛軒記)〉라는 정어(淨語)에서 다음과 같이 말하였다.

법문은 무량하나 요점은 마음을 밝히는 데 있으며

공이 높고 들어가기 쉬운 것은 염불만한 것이 없구나.

염불의 진실한 가르침의 체(體)는

청정하게 소리를 듣는 데 있으니.

염불삼매를 이루려고 하면

먼저 이근(耳根)을 닦아야 하네.

하루 모든 시간 가운데 부처님의 명호가 역력하고

소리는 귓구멍을 넘지 않아도

귀로 듣는 것이 항상 가득 차면

인연 따라 자재하고 듣는 성품 안으로 훈습되네.

생각이 전일하고 상념이 적정(寂靜)하면

쌓인 정(情)은 원융하고 밝아지니

부처는 본각(本覺)이고 염하는 것은 시각(始覺)이라.

염(念)으로써 들음을 열고,

들음으로써 염불 수행을 닦으면

듣는 것이 바로 염하는 것이며,

염하는 것이 듣는 곳에서 이루어져

염이 있으면 반드시 듣게 되고,

들음이 없으면 염함이 아니네.

염함이 있어도 염이 쉬어지며,

들음이 없어도 들음이 다하네.

들음으로써 (성품의) 흐름에 들어가서

돌이켜 자성을 듣네.

오직 소리 소리에 자기를 일깨우면

바로 생각 생각이 항상 깨달으며,

단지 전도망상을 따르지 않으면

이것이 무명을 뒤엎어 깨뜨리는 것이네.

처음에는 번뇌를 등지고 깨달음으로 향하나

계속 나아가면 시각이 본각과 합해지며

오래되면 시각과 본각도 서로 없어져서

자연히 능(能: 주체)과 소(所: 객체)를 모두 잊게 되네.

이 게송은 내가 평소 좋아하는 시로서 염불선(念佛禪)을 닦는 분들에게 많은 도움이 될 것이다. 염불 수행을 하더라도 『능엄경』을 통하여 중도(中道) 제일의제(第一義諦)와 이근원통에 대한 이치를 이해해야 공부가 더욱 깊어질 수 있을 것이다.

그러나 염불 수행에서도 몇 가지 주의해야 할 점이 있다. 중국에서 어떤 비구니께서 열심히 염불 수행을 하여 바람 소리, 물소리가 모두 염불 소리로 들리는 경계가 나타났는데, 그분은 이것을 마(魔)의 경계로 잘못 알고 괴로워하다가 자살하였다고 한다.

이것은 염불 공부가 깊어진 단계로서 이때 '돌이켜 자성을 듣는〔返聞聞自性〕' 공부로 되돌려 그러한 '염불 소리는 누가 하는가〔念佛是誰〕?'라고 참구하였으면 깨달음이 멀지 않았을 것인데, 이치의 길을 몰라 깨달음의 문턱에서 좌절한 것이 너무나 가슴 아프다.

또한 염불 공부 중에도 많은 삿된 경계가 나타나지만, 그런 것에 속지 않아야 될 것이다. 마(魔)가 아미타불로 변하여 나타나면 속기 쉬운데, 가짜 아미타불의 말이 대승 경전의 말씀과 부합하는지 대비해 보아서 가짜에 속지 않아야 할 것이며, 선화 상인께서는 아미타불이 나타날 때 검은 점에서 나타나면 그것은 마가 나타난 것이고, 흰 점에서 나타나면 진짜라고 하였으니 참고하기 바란다.

극락정토도 모두 우리 마음이 만들어내는 것으로서 『능엄경』 「대세지보살염불원통장」에서 말씀하신 바와 같이 염불하여 "육근을 모두 섭수하여 청정한 생각이 이어지면 염불삼매를 얻어〔都攝六根, 淨念相繼, 得三摩地〕" 극락정토에 들어갈 수 있다고 하였다. 정토는 본래부터 우리 마음속에 갖추고 있는 것으로서 망념을 제거하기만 하면 정토가 나타나는 것이다. 마치 구름이 흩어지면 태양은 여전히 빛을 발하고 있는 것과 같다.

무량한 광명〔無量光〕과 무량한 수명〔無量壽〕을 갖춘 아미타불의 정토는 멀리 있는 것이 아니라 바로 우리 마음속에 있는 것이다. 극락정토는 바로 우리들의 본래의 고향임을 알고, 부지런히 염불하여 모두 본래의 고향, 자심(自心)의 정토로 돌아가서 생사의 고통에서 벗어나기를 바란다.

선화 상인의 염불 법문이 세상에 소개될 수 있었던 것은 미국에 계신 이정희 선생님께서 '서방 극락이 그대의 집〔西方極樂是君家〕'이라는 소책자를 번역하여 내게 보내주셨기 때문이다. 번역을 검토하다 보니 분량이 다소 적다고 느껴져 이왕이면 선화 상인의 염불 법문을 많이 소개하는 것이 좋겠다고 생각했다. 그러한 연유로 법계불교총회의 인터넷을 검색하여 미국에서 열린 야외 염불법회의 법문인 '불근지(佛根地)'와 천도에 관한 법문을 찾아내고 직접 번역하여 추가하게 되었다.

불근지의 법문에서는 가급적 염불과 관련이 있는 부분만을 정선하여 번역했다. 천도에 관한 선화 상인의 법문은 아주 귀중한 법문으로서 직접적인 염불 법문은 아니지만, 선화 상인께서 천도에서의 염불의 중요성을 강조하여 염불 법문과 같이 소개하는 것이 좋겠다고 생각하였다. 선화 상인의 많은 법문 가운데서 염불 법문만을 모아 염불 수행을 이해하는 데 많은 도움이 되리라고 생각되며, 매년 만불성성의 염불정진 법회에 참가하는 이정희 선생님의 경험도 소개하여 불칠(佛七)의 감응을 느끼게 하였다.

이 책을 통하여 많은 사람들이 염불 법문의 수승함을 이해하고 믿음을 일으켜 염불하여 극락세계에 왕생하기를 기원한다.

그리하여 지금 같은 어려운 시기에 세상 곳곳에 청정한 연꽃을 피워 탁한 기운을 맑혀서 우리나라에 각종 재난과 횡화가 일어나지 않고, 사회의 모든 얽힌 갈등이 풀어져서 모두가 이고득락(離苦得樂) 하기를 빈다.

불기 2558년 갑오년 여름
남해 설흘산 심검당(尋劍堂)에서 각산 정원규 합장

염불, 극락으로의 초대

선화 상인 염불 법문

염불, 극락으로의 초대

2024년 2월 6일 초판 1쇄 발행

지은이 선화 상인 • 옮긴이 각산 정원규, 이정희
발행인 박상근(至弘) • 편집인 류지호 • 상무이사 김상기 • 편집이사 양동민
책임편집 하다해 • 편집 김재호, 양민호, 김소영, 최호승 • 디자인 쿠담디자인
제작 김명환 • 마케팅 김대현, 이선호 • 관리 윤정안
콘텐츠국 유권준, 정승채, 김희준
펴낸 곳 불광출판사 (03169) 서울시 종로구 사직로10길 17 인왕빌딩 301호
　　　　대표전화 02)420-3200 편집부 02)420-3300 팩시밀리 02)420-3400
　　　　출판등록 제300-2009-130호(1979. 10. 10.)

ISBN 979-11-93454-47-3 (03220)

값 17,000원